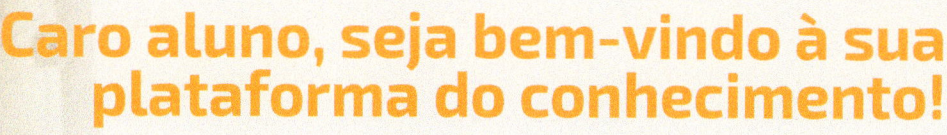

Caro aluno, seja bem-vindo à sua plataforma do conhecimento!

A partir de agora, está à sua disposição uma plataforma que reúne, em um só lugar, recursos educacionais digitais que complementam os livros impressos e foram desenvolvidos especialmente para auxiliar você em seus estudos. Veja como é fácil e rápido acessar os recursos deste projeto.

1 Faça a ativação dos códigos dos seus livros.

Se você NÃO tem cadastro na plataforma:
- acesse o endereço <login.smaprendizagem.com>;
- na parte inferior da tela, clique em "Registre-se" e depois no botão "Alunos";
- escolha o país;
- preencha o formulário com os dados do tutor, do aluno e de acesso.

O seu tutor receberá um *e-mail* para validação da conta. Atenção: sem essa validação, não é possível acessar a plataforma.

Se você JÁ tem cadastro na plataforma:
- em seu computador, acesse a plataforma pelo endereço <login.smaprendizagem.com>;
- em seguida, você visualizará os livros que já estão ativados em seu perfil. Clique no botão "Códigos ou licenças", insira o código abaixo e clique no botão "Validar".

Este é o seu código de ativação! → **DBN18-XZCBR-AL6EP**

2 Acesse os recursos

usando um computador.

No seu navegador de internet, digite o endereço <login.smaprendizagem.com> e acesse sua conta. Você visualizará todos os livros que tem cadastrados. Para escolher um livro, basta clicar na sua capa.

usando um dispositivo móvel.

Instale o aplicativo **SM Aprendizagem**, que está disponível gratuitamente na loja de aplicativos do dispositivo. Utilize o mesmo *login* e a mesma senha que você cadastrou na plataforma.

Importante! Não se esqueça de sempre cadastrar seus livros da SM em seu perfil. Assim, você garante a visualização dos seus conteúdos, seja no computador, seja no dispositivo móvel. Em caso de dúvida, entre em contato com nosso canal de atendimento pelo **telefone 0800 72 54876** ou pelo *e-mail* atendimento@grupo-sm.com.

APRENDER JUNTOS

2
2º ANO

GEOGRAFIA

ENSINO FUNDAMENTAL

LEDA LEONARDO DA SILVA

Organizadora: SM Educação
Obra coletiva concebida, desenvolvida e produzida por SM Educação.

São Paulo, 7ª edição, 2021

Aprender Juntos Geografia 2
© SM Educação
Todos os direitos reservados

Direção editorial	Cláudia Carvalho Neves
Gerência editorial	Lia Monguilhott Bezerra
Gerência de *design* e produção	André Monteiro
Edição executiva	Flávio Manzatto de Souza
Edição:	Camila de Souza Peixoto Ribeiro, Cláudio Mattiuzzi, Gisele Manoel, Jéssica Vieira de Faria, Lara Carolina Chacon Costa
Assistência de edição:	Felipe Barrionuevo, Karina Idehara
Suporte editorial:	Fernanda de Araújo Fortunato
Coordenação de preparação e revisão	Cláudia Rodrigues do Espírito Santo
	Preparação: Ana Paula Perestrelo, Mariana Masotti, Rafael Masotti, Renata Tavares
	Revisão: Ana Paula Perestrelo, Mariana Masotti, Rafael Masotti, Renata Tavares
	Apoio de equipe: Beatriz Nascimento, Maria Clara Loureiro
Coordenação de *design*	Gilciane Munhoz
	***Design*:** Thatiana Kalaes, Lissa Sakajiri
Coordenação de arte	Andressa Fiorio
	Edição de arte: Eduardo Sokei
	Assistência de arte: Gabriela Rodrigues Vieira
	Assistência de produção: Leslie Morais
Coordenação de iconografia	Josiane Laurentino
	Pesquisa iconográfica: Beatriz Micsik
	Tratamento de imagem: Marcelo Casaro
Capa	APIS Design
	Ilustração da capa: Henrique Mantovani Petrus
Projeto gráfico	APIS Design
Editoração eletrônica	Essencial Design
Cartografia	João Miguel A. Moreira
Pré-impressão	Américo Jesus
Fabricação	Alexander Maeda
Impressão	BMF Gráfica e Editora

Elaboração de originais

Camila de Souza Peixoto Ribeiro
Bacharela e licenciada em Ciências Sociais pela Universidade de São Paulo (USP). Editora e elaboradora de conteúdos para livros didáticos.

Gisele Manoel
Bacharela em Geografia pela Universidade de São Paulo (USP). Editora e elaboradora de conteúdos para livros didáticos.

Em respeito ao meio ambiente, as folhas deste livro foram produzidas com fibras obtidas de árvores de florestas plantadas, com origem certificada.

Dados Internacionais de Catalogação na Publicação (CIP)
(Câmara Brasileira do Livro, SP, Brasil)

Silva, Leda Leonardo da
Aprender juntos geografia, 2º ano : ensino fundamental / Leda Leonardo da Silva ; organizadora SM Educação ; obra coletiva concebida, desenvolvida e produzida por SM Educação. – 7. ed. – São Paulo : Edições SM, 2021. – (Aprender juntos)

ISBN 978-65-5744-270-8 (aluno)
ISBN 978-65-5744-300-2 (professor)

1. Geografia (Ensino fundamental) I. Título. II. Série.

21-66419   CDD-372.891

Índices para catálogo sistemático:

1. Geografia : Ensino fundamental 372.891

Cibele Maria Dias — Bibliotecária — CRB-8/9427

7ª edição, 2021
3ª impressão janeiro, 2023

SM Educação
Rua Cenno Sbrighi, 25 – Edifício West Tower n. 45 – 1º andar
Água Branca 05036-010 São Paulo SP Brasil
Tel. 11 2111-7400
atendimento@grupo-sm.com
www.grupo-sm.com/br

APRESENTAÇÃO

QUERIDO ESTUDANTE, QUERIDA ESTUDANTE,

ESTE LIVRO FOI CUIDADOSAMENTE PENSADO PARA AJUDAR VOCÊ A CONSTRUIR UMA APRENDIZAGEM CHEIA DE SIGNIFICADOS QUE LHE SEJAM ÚTEIS NÃO SOMENTE HOJE, MAS TAMBÉM NO FUTURO. NELE, VOCÊ VAI ENCONTRAR INCENTIVO PARA CRIAR, EXPRESSAR IDEIAS E PENSAMENTOS, REFLETIR SOBRE O QUE APRENDE E TROCAR EXPERIÊNCIAS E CONHECIMENTOS.

OS TEMAS, OS TEXTOS, AS IMAGENS E AS ATIVIDADES PROPOSTOS POSSIBILITAM O DESENVOLVIMENTO DE COMPETÊNCIAS E HABILIDADES FUNDAMENTAIS PARA VIVER EM SOCIEDADE. TAMBÉM AJUDAM VOCÊ A LIDAR COM SUAS EMOÇÕES, DEMONSTRAR EMPATIA, ALCANÇAR OBJETIVOS, MANTER RELAÇÕES POSITIVAS E TOMAR DECISÕES DE MANEIRA RESPONSÁVEL, CONFIGURANDO OPORTUNIDADES VALIOSAS PARA QUE VOCÊ SE DESENVOLVA COMO CIDADÃO OU CIDADÃ.

ACREDITAMOS QUE É POR MEIO DE ATITUDES POSITIVAS E CONSTRUTIVAS QUE SE CONQUISTAM AUTONOMIA E CAPACIDADE PARA TOMAR DECISÕES ACERTADAS, RESOLVER PROBLEMAS E SUPERAR CONFLITOS.

ESPERAMOS QUE ESTE MATERIAL DIDÁTICO CONTRIBUA PARA SEU DESENVOLVIMENTO E PARA SUA FORMAÇÃO.

BONS ESTUDOS!

CONHEÇA SEU LIVRO

CONHECER SEU LIVRO DIDÁTICO VAI AJUDAR VOCÊ A APROVEITAR MELHOR AS OPORTUNIDADES DE APRENDIZAGEM QUE ELE OFERECE.

ESTE VOLUME CONTÉM DOZE CAPÍTULOS.

VEJA COMO CADA CAPÍTULO ESTÁ ORGANIZADO.

ABERTURA DO LIVRO

BOAS-VINDAS!

BEM-VINDO AO 2º ANO!
QUEREMOS DAR AS BOAS-VINDAS A VOCÊ E DESEJAR-LHE UM ÓTIMO PERÍODO DE ESTUDOS.
PARA INICIAR, PROPOMOS UM AQUECIMENTO POR MEIO DE ATIVIDADES. VAMOS COMEÇAR?

1 LEIA O TEXTO A SEGUIR. DEPOIS, FAÇA O QUE SE PEDE.

EU SOU SAMIR. TENHO 8 ANOS E MORO NO MUNICÍPIO DE SHARJAH, EM UM PAÍS CHAMADO EMIRADOS ÁRABES UNIDOS. EU FALO DUAS LÍNGUAS, INGLÊS E ÁRABE, E GOSTO DE BRINCAR DE *VIDEOGAME*. MEUS PAIS SÃO MIGRANTES, POIS NASCERAM EM OUTRO PAÍS, A ARÁBIA SAUDITA, E DEPOIS SE MUDARAM PARA ONDE VIVEMOS HOJE. NÓS TEMOS O COSTUME DE TOMAR CHÁ JUNTOS E MINHA FRUTA PREFERIDA É A TÂMARA.

TEXTO PARA FINS DIDÁTICOS.

A. CONTE AO PROFESSOR O QUE VOCÊ ENTENDEU DO TEXTO.

B. SE VOCÊ TIVESSE A OPORTUNIDADE DE BRINCAR COM SAMIR, PARA QUAL BRINCADEIRA VOCÊ O CONVIDARIA? POR QUÊ?

C. O PROFESSOR VAI AJUDAR VOCÊ A LOCALIZAR EM UM MAPA O PAÍS ONDE SAMIR VIVE. DEPOIS, CIRCULE O MEIO DE TRANSPORTE QUE VOCÊ UTILIZARIA PARA VISITAR SAMIR.

14 CATORZE

2 OBSERVE AS IMAGENS A SEGUIR. DEPOIS, DESCREVA AS DIFERENÇAS ENTRE AS IMAGENS E RESPONDA: QUAL DELAS MOSTRA POLUIÇÃO NA CIDADE?

ANTES

DEPOIS

3 LEIA O TEXTO A SEGUIR. DEPOIS, CONVERSE COM OS COLEGAS SOBRE AS QUESTÕES ABAIXO.

ERA UM DIA APARENTEMENTE COMUM NA FLORESTA, TUDO CORRIA COMO DE COSTUME. OS ANIMAIS IAM E VINHAM POR TODOS OS LADOS, EM SEUS AFAZERES DIÁRIOS. ALGUNS PÁSSAROS CANTAVAM ALEGREMENTE ANUNCIANDO O RAIAR DO DIA, OUTROS ALIMENTAVAM SEUS FILHOS LHES DANDO COMIDA NO BICO, OUTROS CONSTRUÍAM SEUS NINHOS [...]

DEVISON AMORIM DO NASCIMENTO. *EU QUE VI, EU QUE VI*. DISPONÍVEL EM: http://www.dominiopublico.gov.br/download/texto/ea000402.pdf. ACESSO EM: 27 ABR. 2021.

A. COMO VOCÊ IMAGINA QUE SEJA O LUGAR DESCRITO NO TEXTO? DESENHE-O EM UMA FOLHA DE PAPEL AVULSA. DEPOIS, DESENHE EM OUTRA FOLHA A VISÃO QUE VOCÊ TEM QUANDO OLHA PELA JANELA DA ESCOLA.

B. ONDE VOCÊ ACHA QUE A NATUREZA ESTÁ MAIS PRESENTE: NO LOCAL DE SEU PRIMEIRO DESENHO OU NO LUGAR EM QUE FICA SUA ESCOLA?

QUINZE 15

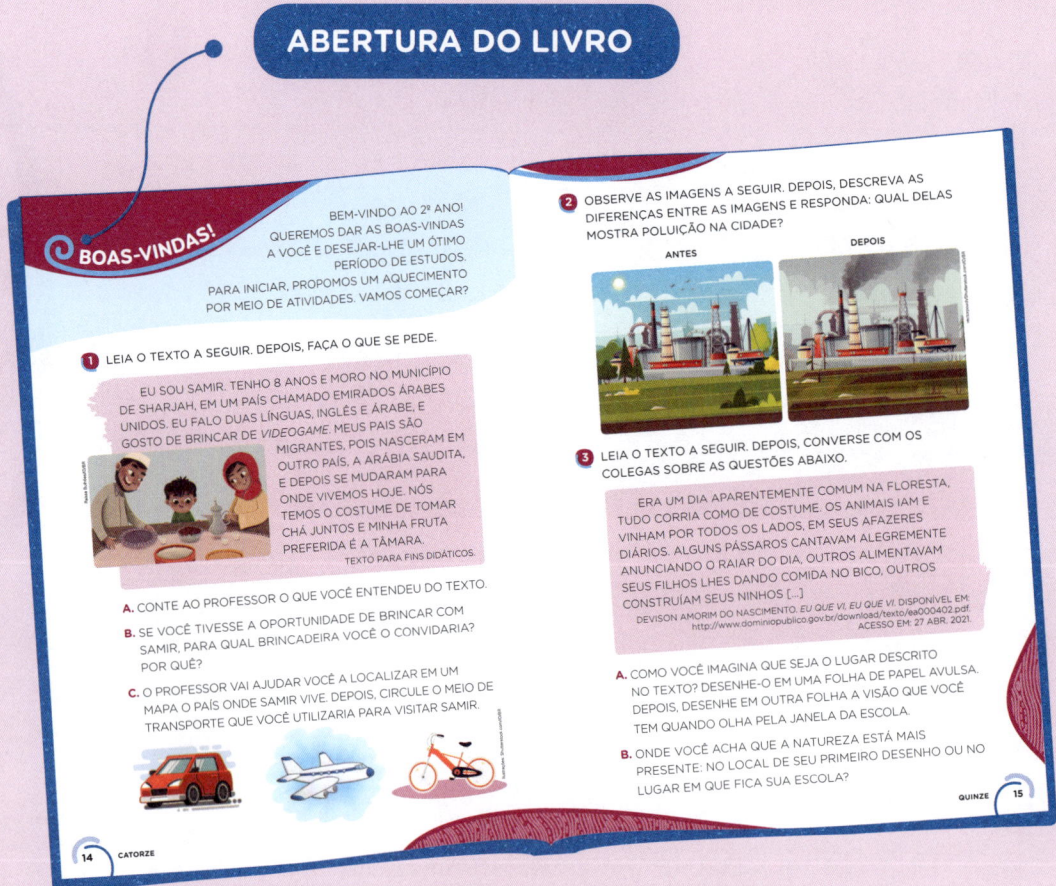

BOAS-VINDAS!

AS ATIVIDADES QUE ABREM O LIVRO SÃO UMA OPORTUNIDADE PARA VOCÊ VERIFICAR O QUE JÁ SABE.

ABERTURA DE CAPÍTULO

ESSA DUPLA DE PÁGINAS MARCA O INÍCIO DE UM CAPÍTULO. TEXTOS, IMAGENS VARIADAS E ATIVIDADES VÃO LEVAR VOCÊ A PENSAR E A CONVERSAR SOBRE OS TEMAS QUE SERÃO DESENVOLVIDOS AO LONGO DO CAPÍTULO.

DESENVOLVIMENTO DO ASSUNTO

OS TEXTOS, AS IMAGENS E AS ATIVIDADES DESTAS PÁGINAS PERMITIRÃO QUE VOCÊ COMPREENDA O CONTEÚDO QUE ESTÁ SENDO APRESENTADO.

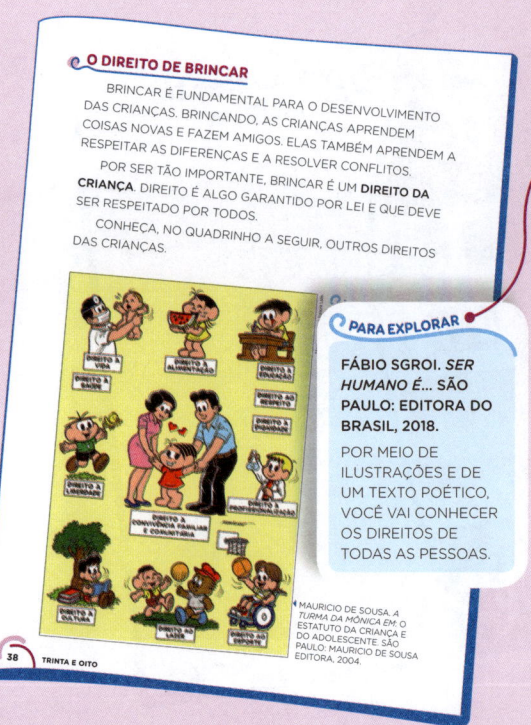

PARA EXPLORAR

ESSE QUADRO APRESENTA SUGESTÕES DE LIVROS, *SITES*, FILMES E MUSEUS PARA VOCÊ APROFUNDAR OS CONHECIMENTOS RELACIONADOS AOS TEMAS ESTUDADOS.

REPRESENTAÇÕES

COM OS TEXTOS E AS ATIVIDADES DESSA SEÇÃO, VOCÊ VAI APRENDER A LER, A INTERPRETAR E A ELABORAR REPRESENTAÇÕES DO MUNDO À SUA VOLTA.

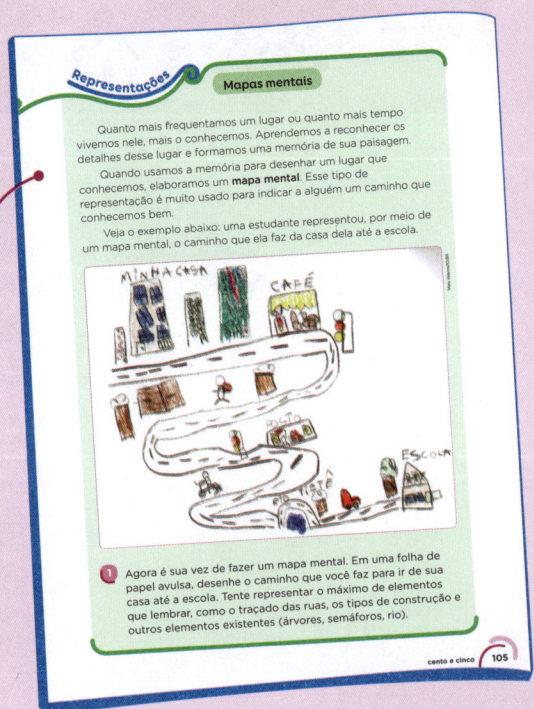

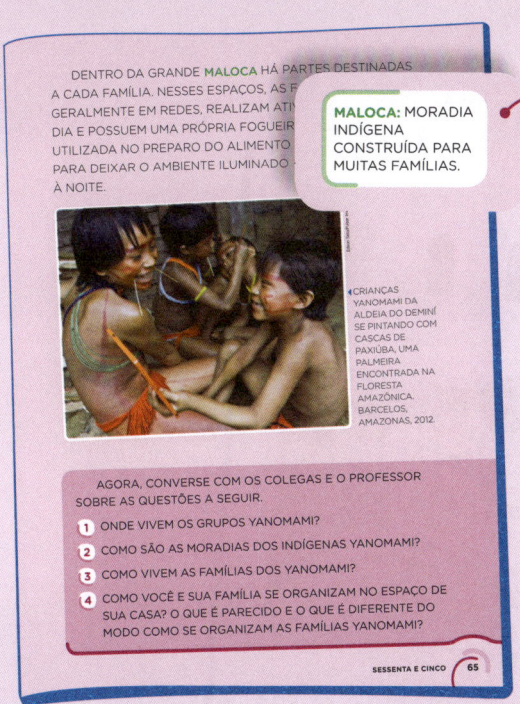

GLOSSÁRIO

AO LONGO DO LIVRO, VOCÊ VAI ENCONTRAR UMA BREVE EXPLICAÇÃO DE ALGUMAS PALAVRAS E EXPRESSÕES QUE TALVEZ NÃO CONHEÇA.

FINALIZANDO O CAPÍTULO

AO FINAL DOS CAPÍTULOS HÁ SEÇÕES QUE BUSCAM AMPLIAR SEUS CONHECIMENTOS SOBRE A LEITURA DE IMAGENS, A DIVERSIDADE CULTURAL E OS CONTEÚDOS ABORDADOS NO CAPÍTULO.

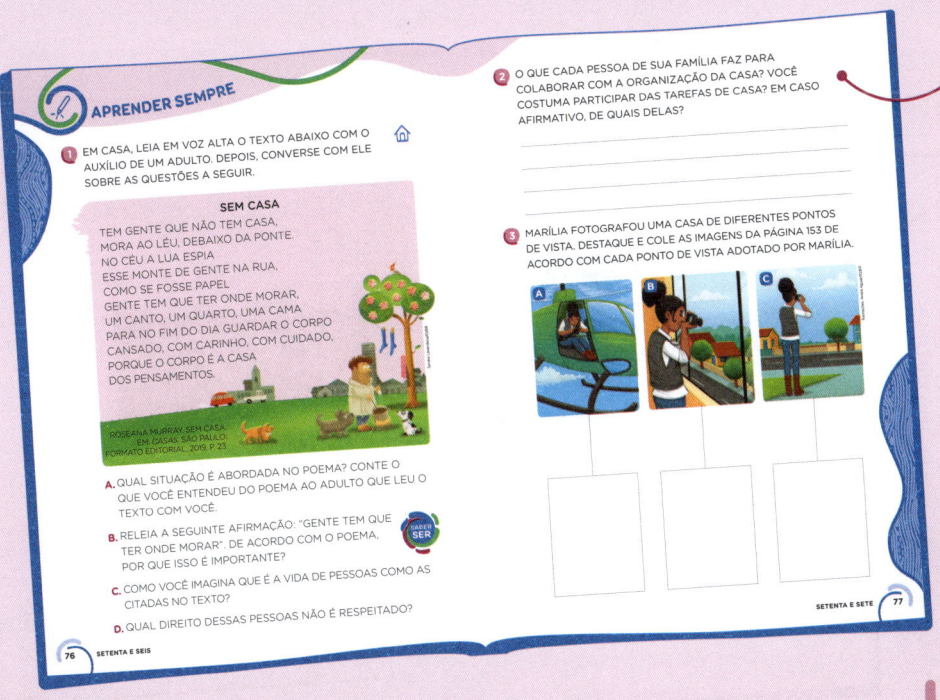

AS ATIVIDADES DA SEÇÃO **APRENDER SEMPRE** SÃO UMA OPORTUNIDADE PARA VOCÊ VERIFICAR O QUE APRENDEU, ANALISAR OS ASSUNTOS ESTUDADOS NO CAPÍTULO E REFLETIR SOBRE ELES.

A SEÇÃO **VAMOS LER IMAGENS!** PROPÕE A ANÁLISE DE UMA OU MAIS IMAGENS E É ACOMPANHADA DE ATIVIDADES QUE VÃO AJUDAR VOCÊ A COMPREENDER DIFERENTES TIPOS DE IMAGEM.

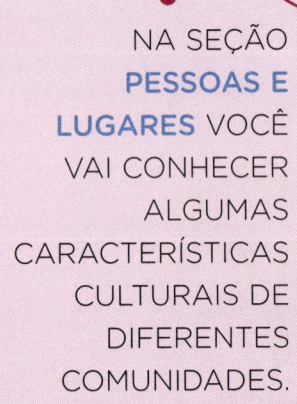
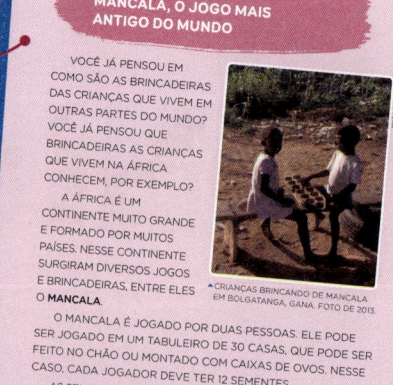

NA SEÇÃO **PESSOAS E LUGARES** VOCÊ VAI CONHECER ALGUMAS CARACTERÍSTICAS CULTURAIS DE DIFERENTES COMUNIDADES.

FINALIZANDO O LIVRO

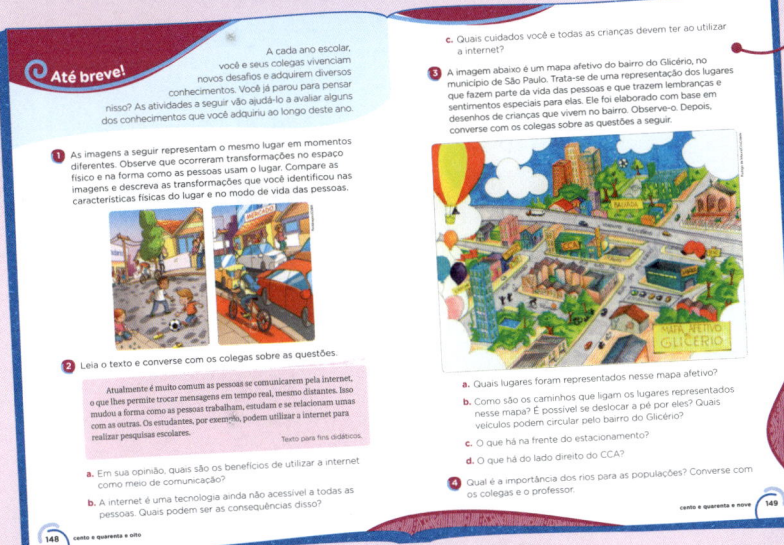

ATÉ BREVE!

NO FINAL DO LIVRO, VOCÊ ENCONTRA ATIVIDADES PARA VERIFICAR O QUE APRENDEU AO LONGO DO ANO.

MATERIAL COMPLEMENTAR

NO FINAL DO LIVRO, VOCÊ ENCONTRA UM MATERIAL COMPLEMENTAR PARA USAR EM ALGUMAS ATIVIDADES.

ÍCONES USADOS NO LIVRO

 **SABER SER**
SINALIZA MOMENTOS PROPÍCIOS PARA PROFESSOR E ESTUDANTE REFLETIREM SOBRE QUESTÕES RELACIONADAS A VALORES E COMPETÊNCIAS SOCIOEMOCIONAIS.

 **CORES-FANTASIA**

REPRESENTAÇÃO SEM PROPORÇÃO DE TAMANHO E/OU DISTÂNCIA ENTRE OS ELEMENTOS.

 ATIVIDADE PARA CASA
SINALIZA ATIVIDADES PARA VOCÊ FAZER EM CASA, NA COMPANHIA DE UM ADULTO.

NOVE 9

SUMÁRIO

BOAS-VINDAS! • 14

 **CAPÍTULO 1 — MINHA IDENTIDADE** 16

NOME E SOBRENOME • 18

MEU JEITO DE SER • 19

DESTRO, CANHOTO OU AMBIDESTRO? • 21

REPRESENTAÇÕES
FRENTE, ATRÁS, DIREITA E ESQUERDA • 22

APRENDER SEMPRE • 24

 **CAPÍTULO 2 — OS OUTROS E EU** 26

VIVEMOS EM GRUPO • 28

O QUE UNE OS GRUPOS • 30

RESPEITO ÀS PESSOAS • 31

REPRESENTAÇÕES
DENTRO, FORA, EM CIMA E EMBAIXO • 32

APRENDER SEMPRE • 34

 **CAPÍTULO 3 — AS BRINCADEIRAS** 36

O DIREITO DE BRINCAR • 38

AS REGRAS NAS BRINCADEIRAS • 39

DIFERENTES JEITOS DE BRINCAR • 40

PESSOAS E LUGARES
MANCALA, O JOGO MAIS ANTIGO DO MUNDO • 42

APRENDER SEMPRE • 44

CAPÍTULO 4 — OS LUGARES DE BRINCAR • 46

- BRINCAR EM DIFERENTES LUGARES • 48
- **REPRESENTAÇÕES**
  PERTO, LONGE, AO LADO E ENTRE • 50
- VAMOS LER IMAGENS!
  MAQUETES • 52
- APRENDER SEMPRE • 54

CAPÍTULO 5 — AS FAMÍLIAS • 56

- PRIMEIRO GRUPO SOCIAL • 58
- DIFERENTES TIPOS DE FAMÍLIA • 59
- O DIREITO A UMA FAMÍLIA • 61
- MINHA FAMÍLIA • 62
- **PESSOAS E LUGARES**
  FAMÍLIAS YANOMAMI • 64
- APRENDER SEMPRE • 66

CAPÍTULO 6 — AS MORADIAS • 68

- A IMPORTÂNCIA DAS MORADIAS • 70
- MORADIA E DIGNIDADE • 71
- COLABORAÇÃO PARA VIVER BEM • 73
- **REPRESENTAÇÕES**
  PONTOS DE VISTA • 74
- APRENDER SEMPRE • 76

 **CAPÍTULO 7 — AS DIFERENTES MORADIAS • 78**

AS CARACTERÍSTICAS DE UMA MORADIA • 80

APRENDER SEMPRE • 84

 **CAPÍTULO 8 — TRANSFORMAÇÕES E PERMANÊNCIAS • 86**

A TRANSFORMAÇÃO DAS PAISAGENS • 88

MUDANÇAS NOS LUGARES DE VIVÊNCIA E NOS MODOS DE VIVER • 90

MUDANÇAS, PERMANÊNCIAS E MEMÓRIAS • 91

PESSOAS E LUGARES
A VIDA DE MUDANÇAS DOS NENETS • 92

APRENDER SEMPRE • 94

 **CAPÍTULO 9 — PARA ALÉM DA MORADIA • 96**

OS VIZINHOS • 98

A VIZINHANÇA • 99

OS MIGRANTES NA VIZINHANÇA • 101

AS ATIVIDADES DO DIA A DIA • 102

OS CAMINHOS DO DIA A DIA • 104

REPRESENTAÇÕES
MAPAS MENTAIS • 105

VAMOS LER IMAGENS!
ELEMENTOS VISÍVEIS E NÃO VISÍVEIS NAS FOTOGRAFIAS • 106

APRENDER SEMPRE • 108

CAPÍTULO 10 — A ESCOLA • 110

O DIREITO À EDUCAÇÃO • 112

AS ATIVIDADES E A CONVIVÊNCIA NA ESCOLA • 113

DIFERENTES TIPOS DE ESCOLA • 114

ESCOLA AMIGA DA NATUREZA • 116

PESSOAS E LUGARES
A ESCOLA FLUTUANTE • 118

APRENDER SEMPRE • 120

Ilustrações: Raíssa Bulhões/ID/BR

CAPÍTULO 11 — CONECTANDO OS LUGARES • 122

AS VIAS DE CIRCULAÇÃO • 124

OS MEIOS DE TRANSPORTE • 125

OS MEIOS DE COMUNICAÇÃO • 128

VAMOS LER IMAGENS!
SINALIZAÇÃO DE TRÂNSITO • 130

APRENDER SEMPRE • 132

CAPÍTULO 12 — O CAMPO E A CIDADE • 134

O CAMPO • 136

A CIDADE • 137

AS ATIVIDADES NO CAMPO • 138

AS ATIVIDADES NA CIDADE • 140

REPRESENTAÇÕES
VISÃO VERTICAL E VISÃO OBLÍQUA • 142

VAMOS LER IMAGENS!
PLANOS DE OBSERVAÇÃO DA PAISAGEM • 144

APRENDER SEMPRE • 146

ATÉ BREVE! • 148

SUGESTÕES DE LEITURA • 150

BIBLIOGRAFIA COMENTADA • 152

ENCARTE • 153

BOAS-VINDAS!

BEM-VINDO AO 2º ANO! QUEREMOS DAR AS BOAS-VINDAS A VOCÊ E DESEJAR-LHE UM ÓTIMO PERÍODO DE ESTUDOS.
PARA INICIAR, PROPOMOS UM AQUECIMENTO POR MEIO DE ATIVIDADES. VAMOS COMEÇAR?

1. LEIA O TEXTO A SEGUIR. DEPOIS, FAÇA O QUE SE PEDE.

EU SOU SAMIR. TENHO 8 ANOS E MORO NO MUNICÍPIO DE SHARJAH, EM UM PAÍS CHAMADO EMIRADOS ÁRABES UNIDOS. EU FALO DUAS LÍNGUAS, INGLÊS E ÁRABE, E GOSTO DE BRINCAR DE *VIDEOGAME*. MEUS PAIS SÃO MIGRANTES, POIS NASCERAM EM OUTRO PAÍS, A ARÁBIA SAUDITA, E DEPOIS SE MUDARAM PARA ONDE VIVEMOS HOJE. NÓS TEMOS O COSTUME DE TOMAR CHÁ JUNTOS E MINHA FRUTA PREFERIDA É A TÂMARA.

TEXTO PARA FINS DIDÁTICOS.

A. CONTE AO PROFESSOR O QUE VOCÊ ENTENDEU DO TEXTO.

B. SE VOCÊ TIVESSE A OPORTUNIDADE DE BRINCAR COM SAMIR, PARA QUAL BRINCADEIRA VOCÊ O CONVIDARIA? POR QUÊ?

C. O PROFESSOR VAI AJUDAR VOCÊ A LOCALIZAR EM UM MAPA O PAÍS ONDE SAMIR VIVE. DEPOIS, CIRCULE O MEIO DE TRANSPORTE QUE VOCÊ UTILIZARIA PARA VISITAR SAMIR.

2 OBSERVE AS IMAGENS A SEGUIR. DEPOIS, DESCREVA AS DIFERENÇAS ENTRE AS IMAGENS E RESPONDA: QUAL DELAS MOSTRA POLUIÇÃO NA CIDADE?

ANTES

DEPOIS

vectorpouch/Shutterstock.com/ID/BR

3 LEIA O TEXTO A SEGUIR. DEPOIS, CONVERSE COM OS COLEGAS SOBRE AS QUESTÕES ABAIXO.

> ERA UM DIA APARENTEMENTE COMUM NA FLORESTA, TUDO CORRIA COMO DE COSTUME. OS ANIMAIS IAM E VINHAM POR TODOS OS LADOS, EM SEUS AFAZERES DIÁRIOS. ALGUNS PÁSSAROS CANTAVAM ALEGREMENTE ANUNCIANDO O RAIAR DO DIA, OUTROS ALIMENTAVAM SEUS FILHOS LHES DANDO COMIDA NO BICO, OUTROS CONSTRUÍAM SEUS NINHOS [...]
>
> DEVISON AMORIM DO NASCIMENTO. *EU QUE VI, EU QUE VI*. DISPONÍVEL EM: http://www.dominiopublico.gov.br/download/texto/ea000402.pdf. ACESSO EM: 27 ABR. 2021.

A. COMO VOCÊ IMAGINA QUE SEJA O LUGAR DESCRITO NO TEXTO? DESENHE-O EM UMA FOLHA DE PAPEL AVULSA. DEPOIS, DESENHE EM OUTRA FOLHA A VISÃO QUE VOCÊ TEM QUANDO OLHA PELA JANELA DA ESCOLA.

B. ONDE VOCÊ ACHA QUE A NATUREZA ESTÁ MAIS PRESENTE: NO LOCAL DE SEU PRIMEIRO DESENHO OU NO LUGAR EM QUE FICA SUA ESCOLA?

CAPÍTULO 1

MINHA IDENTIDADE

Você, seus familiares, amigos, colegas, professores... Cada pessoa é de um jeito, com características físicas próprias. Observe as crianças da imagem ao lado.

PARA COMEÇO DE CONVERSA

1. Quais são as diferenças que você observa entre as crianças mostradas na ilustração?

2. Há algo em comum entre essas crianças? O quê?

3. Fale suas características físicas aos colegas e ao professor.

4. Há alguma característica sua que você gostaria de mudar? Por quê?

◀ Crianças brincam em parquinho.

NOME E SOBRENOME

AS PESSOAS TÊM CARACTERÍSTICAS FÍSICAS PRÓPRIAS, COMO A FORMA DO NARIZ E DA BOCA, A COR DA PELE E A COR E O TIPO DOS CABELOS.

OUTRA CARACTERÍSTICA DAS PESSOAS É O NOME. CADA PESSOA TEM UM **NOME** E UM **SOBRENOME**. VEJA UM EXEMPLO: ALINE OLIVEIRA.

ALINE = **NOME**   OLIVEIRA = **SOBRENOME**

O NOME IDENTIFICA A PESSOA E O SOBRENOME IDENTIFICA A QUAL FAMÍLIA ELA PERTENCE.

1 ESCREVA SEU NOME COMPLETO NA LINHA ABAIXO.

_____

O **RG** (REGISTRO GERAL), TAMBÉM CONHECIDO COMO DOCUMENTO DE IDENTIDADE, IDENTIFICA CADA UM DOS BRASILEIROS. NELE, ALÉM DA FOTO DA PESSOA, DO NOME E DO SOBRENOME DELA, CONSTAM OUTRAS INFORMAÇÕES PESSOAIS.

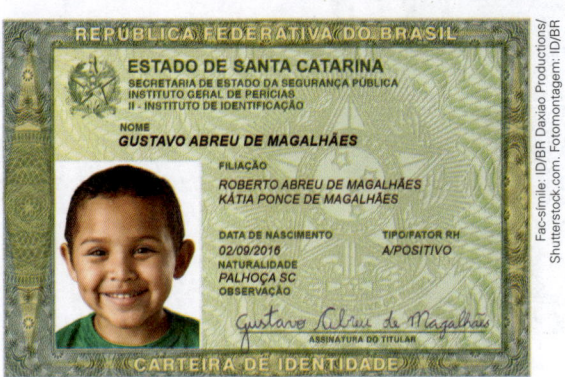

2 NA SALA DE AULA, HÁ ALGUM COLEGA COM O MESMO NOME QUE O SEU? CONVERSE COM OS COLEGAS.

3 NA TURMA, ALGUM COLEGA TEM O MESMO SOBRENOME QUE O SEU?

4 E ALGUM COLEGA DA TURMA TEM O NOME E O SOBRENOME EXATAMENTE IGUAIS AOS SEUS?

MEU JEITO DE SER

ALÉM DAS CARACTERÍSTICAS FÍSICAS E DO NOME, AS PESSOAS TAMBÉM TÊM GOSTOS, PREFERÊNCIAS, CONHECIMENTOS E OUTRAS CARACTERÍSTICAS QUE SÃO APENAS SUAS. CADA PESSOA TEM SEU **JEITO DE SER**.

ALGUMAS PESSOAS SÃO MAIS **TÍMIDAS** E OUTRAS SÃO MAIS **EXTROVERTIDAS**; UMAS GOSTAM DE LER LIVROS E OUTRAS, DE ASSISTIR A FILMES.

TÍMIDO: QUE SENTE VERGONHA NA FRENTE DE OUTRAS PESSOAS.

EXTROVERTIDO: QUE SE COMUNICA COM FACILIDADE COM OUTRAS PESSOAS.

ATÉ MESMO GÊMEOS IDÊNTICOS PODEM SER BASTANTE DIFERENTES. VEJA O EXEMPLO DE MARIA E MARIANA.

EU ME CHAMO MARIA. GOSTO DE CORRER, PULAR E ANDAR DE BICICLETA. MINHA MÃE DIZ QUE EU FALO MUITO.

EU SOU A MARIANA. ADORO LIVROS E JOGOS DE TABULEIRO. SOU MAIS TÍMIDA QUE A MINHA IRMÃ.

1 COMO É SEU JEITO DE SER? PINTE OS QUADRINHOS COM AS PALAVRAS QUE MAIS INDICAM COMO VOCÊ É.

SABER SER

ALEGRE	SÉRIO OU SÉRIA	FALANTE	CORAJOSO OU CORAJOSA
TÍMIDO OU TÍMIDA	NERVOSO OU NERVOSA	CALMO OU CALMA	TRANQUILO OU TRANQUILA
AGITADO OU AGITADA	CALADO OU CALADA	COMILÃO OU COMILONA	DORMINHOCO OU DORMINHOCA

2 VOCÊ GOSTA DE LER LIVROS? COMO VOCÊ FAZ PARA ESCOLHER UM LIVRO? UMA DAS MANEIRAS É LER A **SINOPSE** DELE. LEIA EM VOZ ALTA UMA SINOPSE DO LIVRO *NESTOR*, DE QUENTIN GRÉBAN.

SINOPSE: RESUMO QUE APRESENTA A HISTÓRIA DO LIVRO AOS LEITORES.

> NESTOR GOSTA MUITO DE IR SOZINHO ATÉ O RIO PESCAR. SEU PAI, SEMPRE PREOCUPADO, O ALERTA SOBRE OS ANIMAIS PERIGOSOS QUE TÊM POR LÁ. OS OURIÇOS QUE ESPETAM; OS JACARÉS QUE MORDEM; OS ELEFANTES, GRANDES E DESAJEITADOS, PODEM PISAR E ESMAGAR. CERTO DIA, NESTOR CAI DENTRO DO RIO E O ELEFANTE O SALVA. COM ISSO, ELES SE TORNAM AMIGOS PARA SEMPRE.

Sandra Lavandeira/ID/BR

A. DE ACORDO COM A SINOPSE, ESCREVA O JEITO DE SER DOS:

- OURIÇOS. _____
- JACARÉS. _____
- ELEFANTES. _____

B. UM TRECHO DA SINOPSE DIZ:

> [...] NESTOR CAI DENTRO DO RIO E O ELEFANTE O SALVA. COM ISSO, ELES SE TORNAM AMIGOS PARA SEMPRE.

- CONVERSE COM OS COLEGAS E O PROFESSOR: COMO NO EXEMPLO DE NESTOR E O ELEFANTE, VOCÊ ACHA POSSÍVEL PESSOAS MUITO DIFERENTES SE TORNAREM AMIGAS? POR QUÊ?

DESTRO, CANHOTO OU AMBIDESTRO?

AS PALAVRAS DO TÍTULO ACIMA PODEM SER ESTRANHAS PARA VOCÊ, MAS HÁ PESSOAS QUE SÃO DESTRAS, HÁ PESSOAS QUE SÃO CANHOTAS E HÁ OUTRAS QUE SÃO AMBIDESTRAS.

1 QUAL É A MÃO QUE VOCÊ USA PARA PEGAR O LÁPIS PARA ESCREVER OU PINTAR? MARQUE COM UM **X**.

☐ MÃO ESQUERDA   ☐ AS DUAS MÃOS   ☐ MÃO DIREITA

QUEM FAZ MELHOR AS ATIVIDADES COM A MÃO DIREITA (**B**), OU SEJA, EM QUEM O LADO DIREITO DO CORPO PREDOMINA, É CHAMADO DE **DESTRO**.

QUEM FAZ MELHOR AS ATIVIDADES COM A MÃO ESQUERDA (**A**), OU SEJA, EM QUEM O LADO ESQUERDO PREDOMINA, É CHAMADO DE **CANHOTO**.

QUEM CONSEGUE USAR AMBAS AS MÃOS COM A MESMA HABILIDADE É CHAMADO DE **AMBIDESTRO**.

2 VOCÊ TEM ALGUMA DAS CARACTERÍSTICAS INDICADAS ABAIXO? ASSINALE COM UM **X**.

☐ PINTA _____

☐ MARCA DE NASCENÇA _____

☐ USA PULSEIRA OU RELÓGIO _____

☐ OUTRA: _____

• ESCREVA NA FRENTE DE CADA CARACTERÍSTICA ASSINALADA ACIMA: DE QUE LADO DO SEU CORPO ELA ESTÁ? DO LADO DIREITO OU DO LADO ESQUERDO?

FRENTE, ATRÁS, DIREITA E ESQUERDA

ANTES DE SABER SE É DESTRO, CANHOTO OU AMBIDESTRO, VOCÊ TEVE DE APRENDER A RECONHECER A PARTE ESQUERDA E A PARTE DIREITA DE SEU CORPO. AGORA, VOCÊ VAI USAR SEU CORPO COMO REFERÊNCIA PARA LOCALIZAR OBJETOS. OBSERVE, A SEGUIR, A REPRESENTAÇÃO DE UMA SALA DE AULA E IMAGINE QUE VOCÊ ESTÁ EM PÉ NO CENTRO DA SALA, OU SEJA, ENTRE A CARTEIRA DE LUCAS E A CARTEIRA DE GUSTAVO, COM OS BRAÇOS ABERTOS E OLHANDO PARA A LOUSA.

UTILIZE AS EXPRESSÕES:

- **NA MINHA FRENTE**: PARA SE REFERIR AOS OBJETOS LOCALIZADOS NA DIREÇÃO APONTADA PELO SEU NARIZ;
- **ATRÁS DE MIM**: PARA OS OBJETOS LOCALIZADOS ÀS SUAS COSTAS;
- **À MINHA DIREITA**: PARA OBJETOS QUE ESTÃO NA DIREÇÃO APONTADA PELA SUA MÃO DIREITA;
- **À MINHA ESQUERDA**: PARA OBJETOS QUE ESTÃO NA DIREÇÃO APONTADA PELA SUA MÃO ESQUERDA.

1 AGORA, COMPLETE AS FRASES COM AS EXPRESSÕES QUE VOCÊ LEU NA PÁGINA ANTERIOR, IMAGINANDO QUE ESTÁ NO CENTRO DA SALA.

A. A LOUSA ESTÁ _____

B. A MESA DA CLARA ESTÁ _____

C. A MESA DA MARIA ESTÁ _____

D. AS JANELAS ESTÃO _____

2 OBSERVE A FOTO ABAIXO. DEPOIS, FAÇA O QUE SE PEDE.

A. QUAL É A COR DA CAMISETA DA CRIANÇA QUE ESTÁ À ESQUERDA DA CRIANÇA DE VESTIDO ROSA?

_____

B. MARQUE COM UM **X**. A LOUSA ESTÁ:

☐ À FRENTE DAS CRIANÇAS.   ☐ ATRÁS DAS CRIANÇAS.

C. UMA DAS CRIANÇAS QUE ESTÁ ESCREVENDO NA LOUSA É CANHOTA. CIRCULE ESSA CRIANÇA NA FOTO.

D. CONVERSE COM UM COLEGA. DESCREVA AS CARACTERÍSTICAS FÍSICAS DAS CRIANÇAS MOSTRADAS NA FOTO.

APRENDER SEMPRE

1 COM O PROFESSOR, LEIA EM VOZ ALTA O TEXTO A SEGUIR. DEPOIS, FAÇA O QUE SE PEDE.

> [...] AS IMPRESSÕES DIGITAIS DE UMA PESSOA SE FORMAM DE SEIS A OITO SEMANAS ANTES DO NASCIMENTO. ELAS RECOBREM TODA A SUPERFÍCIE DE CONTATO DAS MÃOS, INCLUINDO OS DEDOS, E TAMBÉM OS PÉS. NÃO HÁ, NO MUNDO, DUAS PESSOAS COM RELEVOS [IMPRESSÕES DIGITAIS] IDÊNTICOS, NEM MESMO GÊMEOS. [...]
>
> ROUPAGEM NATURAL. REVISTA *SUPERINTERESSANTE*. DISPONÍVEL EM: https://super.abril.com.br/saude/roupagem-natural/. ACESSO EM: 9 MAR. 2021.

A. COM SUAS PALAVRAS, CONTE AOS COLEGAS E AO PROFESSOR O QUE VOCÊ ENTENDEU DO TEXTO.

B. ASSINALE A FRASE QUE MELHOR EXPLICA O TEXTO.

☐ OS SERES HUMANOS PODEM ATÉ TER SEMELHANÇAS, MAS O QUE CARACTERIZA AS PESSOAS SÃO SUAS INDIVIDUALIDADES, COMO AS IMPRESSÕES DIGITAIS.

☐ AS PESSOAS SÃO TODAS IGUAIS. AS IMPRESSÕES DIGITAIS, QUE SE FORMAM DE SEIS A OITO SEMANAS ANTES DO NASCIMENTO, SÃO MAIS UMA PROVA DE QUE SOMOS IGUAIS.

2 LEIA O TEXTO ABAIXO. DEPOIS, CONVERSE COM UM COLEGA SOBRE AS QUESTÕES A SEGUIR.

> AS PESSOAS TÊM DIFERENTES JEITOS DE SER E REAGEM DE MODO DISTINTO ÀS SITUAÇÕES. POR EXEMPLO, O QUE PROVOCA MEDO EM UMA PESSOA PODE NÃO PROVOCAR EM OUTRA.
>
> TEXTO PARA FINS DIDÁTICOS.

A. QUAL É SEU MAIOR MEDO? ESCREVA ABAIXO.

_____

B. CONVERSE COM UM COLEGA E COMPARE SEU MEDO COM O DELE. O MEDO QUE ELE SENTE É IGUAL OU DIFERENTE DO MEDO QUE VOCÊ SENTE?

C. DÊ A SEU COLEGA UMA SUGESTÃO DE COMO SUPERAR O MEDO QUE ELE SENTE. DEPOIS, OUÇA A SUGESTÃO DELE PARA VOCÊ SUPERAR SEU MEDO.

3 ESCREVA:

A. O NOME DO COLEGA QUE SE SENTA À SUA DIREITA.

_____

B. O NOME DO COLEGA QUE SE SENTA À SUA ESQUERDA.

_____

4 JOÃO TINHA DE IR À BIBLIOTECA DA ESCOLA PEGAR UM LIVRO QUE O PROFESSOR PEDIU. ELE NÃO SABIA COMO CHEGAR LÁ, MAS TINHA UMA DICA: A BIBLIOTECA FICA NO CORREDOR DO LADO ESQUERDO DE QUEM ESTÁ INDO EM DIREÇÃO À DIRETORIA.

- OBSERVE A ILUSTRAÇÃO ABAIXO E FAÇA UMA SETA QUE INDIQUE A DIREÇÃO QUE JOÃO DEVE SEGUIR.

CAPÍTULO 2
OS OUTROS E EU

Você viu no capítulo anterior que ninguém é igual a ninguém. Cada pessoa é um indivíduo único. Agora, vamos ver por que as pessoas costumam viver em grupos, ou seja, com outras pessoas. Observe a pintura ao lado.

PARA COMEÇO DE CONVERSA

1. O que as pessoas da pintura estão fazendo?

2. Você acha que a pintura retrata um grupo de amigos ou parentes ou retrata pessoas que não se conhecem? Por quê?

3. Em sua opinião, qual é a importância de conviver com familiares e amigos?

SABER SER

◀ BÁRBARA ROCHLITZ. *Picnic [Piquenique] na primavera*, 2016. Óleo sobre tela.

VIVEMOS EM GRUPO

UM DOS ASPECTOS QUE CARACTERIZA OS SERES HUMANOS É A VIDA EM SOCIEDADE, OU SEJA, **A VIDA EM GRUPO**.

AO NASCERMOS, PRECISAMOS DE OUTRAS PESSOAS PARA NOS ALIMENTAR, NOS LIMPAR, NOS PROTEGER E NOS EDUCAR. SOZINHOS, NÃO PODERÍAMOS SOBREVIVER.

AO LONGO DA VIDA, PRECISAMOS DAS PESSOAS PARA CONVERSAR, TROCAR OPINIÕES, COMPARTILHAR SENTIMENTOS E PENSAR EM COMO SOLUCIONAR ALGUM PROBLEMA.

OUTRAS PESSOAS TAMBÉM PODEM NOS AJUDAR EM ALGUMAS DE NOSSAS NECESSIDADES. OBSERVE UM EXEMPLO AO LADO.

▲ OS MÉDICOS SÃO PROFISSIONAIS QUE PODEM NOS AJUDAR A CUIDAR DA SAÚDE.

1 VEJA A SEGUIR MAIS EXEMPLOS DE PESSOAS QUE PODEM SER IMPORTANTES EM NOSSA VIDA.

> O PROFESSOR NOS AJUDA A ADQUIRIR CONHECIMENTO.
>
> NOSSOS PAIS OU RESPONSÁVEIS NOS PROTEGEM E NOS DÃO CARINHO.
>
> OS AMIGOS NOS ACOMPANHAM NAS CONVERSAS E NAS BRINCADEIRAS.

- QUE OUTRAS PESSOAS SÃO IMPORTANTES PARA VOCÊ? CONTE À TURMA E EXPLIQUE POR QUÊ.

2 QUE OUTRO PROFISSIONAL VOCÊ CONHECE? ESCREVA O NOME DELE E O QUE ELE FAZ.

DIFERENTES GRUPOS

AS PESSOAS FAZEM PARTE DE DIFERENTES GRUPOS. ENTRE ELES, PODEMOS DESTACAR:

- GRUPOS FORMADOS POR PESSOAS BEM PRÓXIMAS, QUE SE GOSTAM, SE IDENTIFICAM E ESTÃO SEMPRE JUNTAS;
- GRUPOS FORMADOS POR PESSOAS QUE PODEM ATÉ NÃO SE CONHECER MUITO BEM, MAS QUE TÊM UM OBJETIVO EM COMUM. POR ISSO, ELAS SE APROXIMAM.

3 OBSERVE AS FOTOS E LEIA AS LEGENDAS.

▲ GRUPO DE AULA DE MÚSICA. MUNICÍPIO DE SÃO PAULO, 2016.

▲ GRUPO DA FAMÍLIA. MUNICÍPIO DE SÃO PAULO, 2016.

- AGORA, IDENTIFIQUE COM A LETRA **A** A IMAGEM DO GRUPO FORMADO PELAS PESSOAS QUE CONVIVEM DE MANEIRA MAIS PRÓXIMA, E COM A LETRA **B** O GRUPO DE PESSOAS QUE SE REÚNEM COM UM OBJETIVO EM COMUM.

4 ALÉM DOS GRUPOS DA FAMÍLIA E DA ESCOLA, AS PESSOAS PARTICIPAM DE VÁRIOS OUTROS GRUPOS.

A. MARQUE COM UM **X** OS GRUPOS DE QUE VOCÊ PARTICIPA.

- ☐ GRUPO DO BAIRRO
- ☐ GRUPO DO FUTEBOL
- ☐ GRUPO DA NATAÇÃO
- ☐ GRUPO DE DANÇA
- ☐ GRUPO RELIGIOSO
- ☐ GRUPO DE ESTUDOS

B. DE QUE OUTRO GRUPO VOCÊ FAZ PARTE? CONTE A UM COLEGA.

O QUE UNE OS GRUPOS

APESAR DE DIFERENTES, OS VÁRIOS GRUPOS DE QUE AS PESSOAS FAZEM PARTE TÊM UMA SEMELHANÇA: SEUS MEMBROS SE IDENTIFICAM UNS COM OS OUTROS E ENTRE SI, OU SEJA, TÊM ALGO EM COMUM, SE AJUDAM E SÃO AJUDADOS. OBSERVE AS FOTOS ABAIXO E, DEPOIS, CONVERSE COM OS COLEGAS SOBRE AS QUESTÕES A SEGUIR.

▲ CRIANÇAS E ADULTOS INDÍGENAS BRINCAM DE CARRINHO DE MÃO NA ALDEIA SATERÉ-MAWÉ. MANAUS, AMAZONAS. FOTO DE 2018.

▲ MENINA DANÇA JONGO. **COMUNIDADE QUILOMBOLA** BOA ESPERANÇA, EM PRESIDENTE KENNEDY, ESPÍRITO SANTO, 2018.

▲ CRIANÇAS JOGAM FUTEBOL NA PRAIA. MATA DE SÃO JOÃO, BAHIA. FOTO DE 2018.

> **COMUNIDADE QUILOMBOLA:** COMUNIDADE CRIADA HÁ MUITO TEMPO POR GRUPOS DE AFRICANOS E SEUS DESCENDENTES, QUE, FUGINDO DA ESCRAVIDÃO, FUNDAVAM OS **QUILOMBOS**, ONDE ERAM LIVRES. COM O PASSAR DO TEMPO, INDÍGENAS E BRANCOS POBRES TAMBÉM OCUPARAM OS QUILOMBOS, FORMANDO AS COMUNIDADES QUILOMBOLAS QUE CONHECEMOS HOJE.

1. VOCÊ VIVE EM UMA COMUNIDADE INDÍGENA OU QUILOMBOLA? EM CASO POSITIVO, COMO É A COMUNIDADE À QUAL VOCÊ PERTENCE? QUE CELEBRAÇÕES SÃO REALIZADAS NELA?

2. PERTO DE SUA CASA HÁ ALGUM CAMPO DE FUTEBOL OU OUTRO ESPAÇO PARA ATIVIDADES ESPORTIVAS? VOCÊ COSTUMA SE REUNIR COM GRUPOS DE AMIGOS PARA PRATICAR ESPORTES?

RESPEITO ÀS PESSOAS

AS PESSOAS DE UM GRUPO PODEM SE DESENTENDER DE VEZ EM QUANDO. PARA EVITAR QUE O DESENTENDIMENTO PROVOQUE CONFLITOS, É IMPORTANTE RESPEITAR AS PESSOAS EM QUALQUER SITUAÇÃO.

LEIA A SITUAÇÃO PROPOSTA NA HISTÓRIA EM QUADRINHOS.

1. QUE FINAL VOCÊ DARIA PARA A HISTÓRIA ACIMA? ESCOLHA UMA DAS OPÇÕES DOS QUADROS ABAIXO E COPIE O TEXTO NO ÚLTIMO BALÃO DE FALA DA HISTÓRIA. EXPLIQUE SUA ESCOLHA AOS COLEGAS.

TEM RAZÃO, JÚLIO! O MARCOS AQUI SÓ VAI ATRAPALHAR!

NÃO, JÚLIO! DÁ PARA BRINCAR COM TRÊS PESSOAS. FICA MAIS DIVERTIDO!

DENTRO, FORA, EM CIMA E EMBAIXO

AS PESSOAS, OS OBJETOS, AS CONSTRUÇÕES E A VEGETAÇÃO SÃO EXEMPLOS DE ELEMENTOS QUE PODEM SER REPRESENTADOS EM UMA IMAGEM. PARA IDENTIFICAR EM QUAL POSIÇÃO ESTÁ CADA ELEMENTO, VOCÊ PODE UTILIZAR NOÇÕES QUE JÁ CONHECE, COMO **DENTRO**, **FORA**, **EM CIMA** E **EMBAIXO**.

1. OBSERVE A ILUSTRAÇÃO DO PÁTIO DE UMA ESCOLA. DEPOIS, FAÇA O QUE SE PEDE.

A. PINTE DE AZUL A BERMUDA DO ESTUDANTE QUE USA ÓCULOS E ESTÁ **DENTRO** DA QUADRA DE ESPORTES.

B. PINTE DE VERDE A CAMISA DA ESTUDANTE QUE ESTÁ **FORA** DA QUADRA E ESTÁ COM UMA BOLA NO PÉ.

C. PINTE DE VERMELHO A LANCHEIRA QUE ESTÁ **EM CIMA** DA MESA.

D. PINTE DE LARANJA A BOLA QUE ESTÁ **EMBAIXO** DO PÉ DA MENINA.

2. É HORA DE BRINCAR! SEGUINDO AS ORIENTAÇÕES DO PROFESSOR, VOCÊ E OS COLEGAS DEVEM IR ATÉ O PÁTIO, A QUADRA OU OUTRO ESPAÇO ABERTO DA ESCOLA. NO LOCAL ESCOLHIDO PELO PROFESSOR, VOCÊ DEVE FAZER UM CÍRCULO COM GIZ NO CHÃO, EM VOLTA DE SEUS PÉS, CONFORME MOSTRADO NA ILUSTRAÇÃO ABAIXO.

DURANTE A BRINCADEIRA, VOCÊ DEVE SEGUIR OS COMANDOS DO PROFESSOR, QUE SERÃO: **DENTRO** (VOCÊ PERMANECE DENTRO DO CÍRCULO), **FORA** (VOCÊ PULA PARA FORA DO CÍRCULO), **PARA CIMA** (VOCÊ DEVE PULAR) E **PARA BAIXO** (VOCÊ DEVE SE ABAIXAR).

APÓS A BRINCADEIRA, CONVERSE COM OS COLEGAS SOBRE AS QUESTÕES A SEGUIR.

A. VOCÊ TEVE DIFICULDADE EM SEGUIR OS COMANDOS DO PROFESSOR? POR QUÊ?

B. QUAL DOS COMANDOS FOI O MAIS FÁCIL PARA VOCÊ? QUAL FOI O MAIS DIFÍCIL? POR QUÊ?

APRENDER SEMPRE

1 FICAR SOZINHO ÀS VEZES É BOM. MAS NÃO CONSEGUIMOS FICAR SOZINHOS O TEMPO TODO. PENSANDO NISSO, RESPONDA:

A. QUAIS ATIVIDADES VOCÊ GOSTA DE FAZER SOZINHO?

_____

B. QUAIS ATIVIDADES VOCÊ SÓ CONSEGUE FAZER EM GRUPO?

_____

C. CONVERSE COM OS COLEGAS: PARA REALIZAR QUALQUER UMA DAS ATIVIDADES QUE VOCÊ CITOU NOS ITENS ANTERIORES, É NECESSÁRIO O TRABALHO OU A AJUDA DE OUTRAS PESSOAS? OU VOCÊ CONSEGUE REALIZÁ-LAS SEM A AJUDA DE NINGUÉM? EXPLIQUE.

2 O TRECHO A SEGUIR CONTA A HISTÓRIA DE ADIKA, UM MENINO NASCIDO EM UM PAÍS CHAMADO QUÊNIA. ELE CONVIDOU MUITOS AMIGOS PARA UMA REFEIÇÃO EM GRUPO E DEIXOU SUA MÃE, *MAMA* PANYA, PREOCUPADA POR NÃO TER COMIDA PARA TODOS. EM CASA, LEIA O TEXTO A UM ADULTO E SAIBA O QUE ACONTECEU.

> SAWANDI E NAIMAN FORAM OS PRIMEIROS A CHEGAR. [...]
> ELES TRAZIAM DUAS **CABAÇAS** CHEIAS DE LEITE E UM PEQUENO BALDE COM MANTEIGA.
> — *MAMA*, NOSSAS VACAS DERAM UM POUCO MAIS DE LEITE HOJE.
> *MZEE* ODOLO APARECEU LOGO EM SEGUIDA.
> — O VELHO RIO NOS DEU TRÊS PEIXES HOJE.

CABAÇA: FRUTO DE CASCA DURA QUE PODE SER UTILIZADO COMO RECIPIENTE.

GAMILA CHEGOU EQUILIBRANDO UM CACHO DE BANANAS NA CABEÇA.

— BANANAS FICAM ÓTIMAS COM PANQUECAS.

[...]

E O BANQUETE COMEÇOU ASSIM QUE TODOS SE SENTARAM DEBAIXO DO **BAOBÁ** PARA COMER AS PANQUECAS DE *MAMA* PANYA.

BAOBÁ: ÁRVORE GRANDE, TÍPICA DA ÁFRICA.

[...]

COM UM BRILHO NOS OLHOS E SORRINDO, ADIKA COCHICHOU:

— APOSTO QUE LOGO VOCÊ VAI FAZER PANQUECAS DE NOVO, *MAMA*.

ELA SORRIU:

— SIM, ADIKA, COMO SEMPRE, VOCÊ ADIVINHOU.

MARY CHAMBERLIN; RICH CHAMBERLIN. *AS PANQUECAS DE* MAMA *PANYA*. SÃO PAULO: SM, 2005 (COLEÇÃO CANTOS DO MUNDO).

A. AGORA, COM SUAS PALAVRAS, CONTE A HISTÓRIA DO TEXTO A ESSE MESMO ADULTO.

B. RESPONDA: POR QUE *MAMA* PANYA FICOU PREOCUPADA? ESSA PREOCUPAÇÃO SE CONFIRMOU?

_____

_____

_____

C. SOBRE O TEXTO, REFLITA E CONVERSE COM UM ADULTO: QUAL É A IMPORTÂNCIA DE VIVER EM GRUPO?

SABER SER

3 CONVERSE COM OS COLEGAS E O PROFESSOR: QUAIS SITUAÇÕES PODEM GERAR CONFLITOS ENTRE ESTUDANTES EM SALA DE AULA? COMO É POSSÍVEL RESOLVER ESSES CONFLITOS E EVITAR QUE VOLTEM A ACONTECER?

36

CAPÍTULO 3

AS BRINCADEIRAS

BRINCAR É UMA DAS ATIVIDADES MAIS IMPORTANTES E PRAZEROSAS REALIZADAS PELAS CRIANÇAS. BRINCAR SOZINHO, COM O IRMÃO, COM A IRMÃ, COM OS COLEGAS E COM OUTRAS PESSOAS SEMPRE É MUITO DIVERTIDO.

PARA COMEÇO DE CONVERSA

1. VOCÊ CONHECE A BRINCADEIRA REALIZADA PELAS CRIANÇAS NA IMAGEM AO LADO? SE SIM, QUAL É O NOME DELA?

2. PENSE EM SUA BRINCADEIRA FAVORITA E CONTE AOS COLEGAS O NOME DELA E COMO E EM QUANTAS PESSOAS SE BRINCA.

3. CONTE AOS COLEGAS COMO VOCÊ SE SENTE QUANDO ESTÁ BRINCANDO.

SABER SER

◂ CRIANÇAS BRINCAM EM UMA PRAÇA. DOIS ADULTOS E UMA MENINA AS OBSERVAM.

O DIREITO DE BRINCAR

BRINCAR É FUNDAMENTAL PARA O DESENVOLVIMENTO DAS CRIANÇAS. BRINCANDO, AS CRIANÇAS APRENDEM COISAS NOVAS E FAZEM AMIGOS. ELAS TAMBÉM APRENDEM A RESPEITAR AS DIFERENÇAS E A RESOLVER CONFLITOS.

POR SER TÃO IMPORTANTE, BRINCAR É UM **DIREITO DA CRIANÇA**. DIREITO É ALGO GARANTIDO POR LEI E QUE DEVE SER RESPEITADO POR TODOS.

CONHEÇA, NO QUADRINHO A SEGUIR, OUTROS DIREITOS DAS CRIANÇAS.

> **PARA EXPLORAR**
>
> FÁBIO SGROI. *SER HUMANO É...* SÃO PAULO: EDITORA DO BRASIL, 2018.
>
> POR MEIO DE ILUSTRAÇÕES E DE UM TEXTO POÉTICO, VOCÊ VAI CONHECER OS DIREITOS DE TODAS AS PESSOAS.

MAURICIO DE SOUSA. *A TURMA DA MÔNICA EM*: O ESTATUTO DA CRIANÇA E DO ADOLESCENTE. SÃO PAULO: MAURICIO DE SOUSA EDITORA, 2004.

AS REGRAS NAS BRINCADEIRAS

MUITAS BRINCADEIRAS TÊM REGRAS. COM O PROFESSOR, LEIA EM VOZ ALTA O TRECHO DO POEMA A SEGUIR.

> CORRER DE ESCONDE-ESCONDE,
> BRINCAR DE CORRE-CUTIA,
> VIRAR ESTÁTUA!
> E VIVER A FANTASIA!
> [...]
> PULEI AMARELINHA E JOGUEI BOLA DE GUDE;
> PASSEI ANEL E CANTEI CIRANDA;
> FIZ A DANÇA DAS CADEIRAS
> E OUVI HISTÓRIAS NA VARANDA!
> [...]
>
> RENILDA VIANA. *BRINCAR DE BRINCADEIRA*. DISPONÍVEL EM: https://www.recantodasletras.com.br/poesiasinfantis/1959110. ACESSO EM: 12 MAR. 2021.

1 CIRCULE NO POEMA O NOME DAS BRINCADEIRAS QUE VOCÊ CONHECE.

2 AGORA, PINTE DE **VERMELHO** APENAS O NOME DAS BRINCADEIRAS QUE VOCÊ BRINCA COM OUTRAS PESSOAS.

3 REÚNA-SE COM UM COLEGA. JUNTOS, ESCOLHAM UMA DAS BRINCADEIRAS QUE VOCÊS DOIS PINTARAM DE VERMELHO E FAÇAM O QUE SE PEDE.

A. DIGAM À TURMA COMO É QUE SE BRINCA, OU SEJA, QUAIS SÃO AS REGRAS DA BRINCADEIRA.

B. AGORA, IMAGINEM QUE CADA UM QUEIRA BRINCAR DE UM JEITO. SERÁ QUE VAI DAR CERTO? POR QUÊ?

DIFERENTES JEITOS DE BRINCAR

HÁ VÁRIAS MANEIRAS DE BRINCAR. PODEMOS BRINCAR SOZINHOS, COM OS IRMÃOS E COM OS COLEGAS. PODEMOS NOS DIVERTIR COM BRINQUEDOS COMPRADOS EM LOJAS OU COM AQUELES QUE A GENTE MESMO FAZ. HÁ AINDA BRINCADEIRAS QUE MEXEM COM A IMAGINAÇÃO. TAMBÉM PODEMOS USAR A IMAGINAÇÃO PARA CRIAR NOVAS FORMAS DE NOS DIVERTIR.

COM O PROFESSOR, LEIA EM VOZ ALTA O TEXTO A SEGUIR.

> AQUI, QUASE TUDO NA NATUREZA PODE VIRAR BRINQUEDO. ARUMÃ VIRA ARCO E FLECHA, TALO DE BURITI VIRA BARCO QUE FLUTUA, GRAVETOS E FOLHAS DE BACABA VIRAM CASINHAS, [...] FOLHA DE BANANEIRA VIRA BONECA, PAU DE JUCAZEIRO VIRA TACO DE BILHARZINHO...
> [...]
> CONSTRUIR UM BRINQUEDO JÁ É UMA GRANDE BRINCADEIRA!
>
> MARIE ANGE BORDAS. TUDO VIRA BRINQUEDO. EM: *MANUAL DAS CRIANÇAS DO BAIXO AMAZONAS*. SÃO PAULO: LIVROS DA MATRIZ, 2015. P. 56.

▲ CRIANÇA COM GALHO DE BURITI, USADO PARA FAZER BRINQUEDOS, EM ORIXIMINÁ, PARÁ. FOTO DE 2014.

▲ CRIANÇA FAZENDO BRINQUEDO COM GALHOS DE BURITI EM ORIXIMINÁ, PARÁ. FOTO DE 2014.

▲ BRINQUEDOS FEITOS DE GALHOS DE BURITI EM ORIXIMINÁ, PARÁ. FOTO DE 2014.

PARA EXPLORAR

MAPA DO BRINCAR. DISPONÍVEL EM: https://mapadobrincar.folha.com.br/brincadeiras/regioes.shtml. ACESSO EM: 12 MAR. 2021.

NESSE *SITE*, CONHEÇA BRINCADEIRAS TÍPICAS DE TODAS AS REGIÕES BRASILEIRAS.

1 ESCOLHA DOIS DE SEUS BRINQUEDOS FAVORITOS E, DEPOIS, CONVERSE COM OS COLEGAS SOBRE AS QUESTÕES A SEGUIR.

A. CONTE AOS COLEGAS QUAIS SÃO E DO QUE SÃO FEITOS SEUS BRINQUEDOS FAVORITOS.

B. COMPARE SEUS BRINQUEDOS COM OS BRINQUEDOS DOS COLEGAS. ELES SÃO PARECIDOS OU DIFERENTES?

C. AGORA, COMPARE OS BRINQUEDOS DA TURMA COM OS BRINQUEDOS CITADOS NO TEXTO DA PÁGINA AO LADO E COM OS BRINQUEDOS MOSTRADOS NA FOTO ACIMA. ELES SÃO PARECIDOS OU DIFERENTES? POR QUÊ?

2 VOCÊ JÁ FEZ ALGUM BRINQUEDO? EM CASO AFIRMATIVO, CONTE AOS COLEGAS E AO PROFESSOR QUAL FOI O BRINQUEDO, QUAIS MATERIAIS USOU E COMO ELE FOI FEITO.

3 EM SUA OPINIÃO, QUAL É A IMPORTÂNCIA DE CONSTRUIR O PRÓPRIO BRINQUEDO COM MATERIAIS DA NATUREZA OU COM SUCATA? CONVERSE COM OS COLEGAS.

SABER SER

QUARENTA E UM 41

PESSOAS E LUGARES

MANCALA, O JOGO MAIS ANTIGO DO MUNDO

Você já pensou em como são as brincadeiras das crianças que vivem em outras partes do mundo? Você já pensou que brincadeiras as crianças que vivem na África conhecem, por exemplo?

A África é um continente muito grande e formado por muitos países. Nesse continente surgiram diversos jogos e brincadeiras, entre eles o **MANCALA**.

▲ Crianças brincando de mancala em Bolgatanga, Gana. Foto de 2013.

O mancala é jogado por duas pessoas. Ele pode ser jogado em um tabuleiro de 30 casas, que pode ser feito no chão ou montado com caixas de ovos. Nesse caso, cada jogador deve ter 12 sementes.

As sementes precisam ser diferentes para cada jogador. Por exemplo, enquanto um joga com sementes de feijão, o outro pode usar sementes de milho.

A brincadeira é iniciada com o tabuleiro vazio. Cada jogador, na sua vez, coloca uma semente em uma casa livre ou muda uma semente de lugar.

O OBJETIVO DO JOGO É RETIRAR TODAS AS SEMENTES DO ADVERSÁRIO. PARA ISSO, O JOGADOR DEVE SALTAR SOBRE UMA SEMENTE DO OUTRO JOGADOR, SEGUINDO PARA A FRENTE OU PARA OS LADOS, E RETIRÁ-LA.

PRATICADO POR CRIANÇAS E ADULTOS, O MANCALA É CONSIDERADO O JOGO MAIS ANTIGO INVENTADO PELO SER HUMANO. POR ISSO, É CHAMADO DE "PAI" DE TODOS OS JOGOS.

CRIANÇAS JOGANDO MANCALA EM TABULEIRO FEITO NO CHÃO, EM UGANDA. FOTO DE 2009.

AGORA, CONVERSE COM OS COLEGAS SOBRE AS QUESTÕES A SEGUIR.

1. O QUE VOCÊ ACHOU DO MANCALA?

2. POR QUE O MANCALA É CONSIDERADO O "PAI" DE TODOS OS JOGOS?

3. VOCÊ CONHECE BRINCADEIRAS DE OUTROS PAÍSES?

   A. EM CASO AFIRMATIVO, CONTE AOS COLEGAS E AO PROFESSOR O NOME DA BRINCADEIRA, COMO SE JOGA E EM QUE PAÍS ELA É PRATICADA.

   B. SE NÃO CONHECE, FAÇA UMA PESQUISA COM O AUXÍLIO DO PROFESSOR. DEPOIS, CONTE À TURMA O QUE DESCOBRIU.

APRENDER SEMPRE

1 LEIA EM VOZ ALTA O TRECHO DO POEMA A SEGUIR.

[...]
CRIANÇA TEM QUE TER NOME
CRIANÇA TEM QUE TER LAR
TER SAÚDE E NÃO TER FOME
TER SEGURANÇA E ESTUDAR.

[...]
MAS CRIANÇA TAMBÉM TEM
O DIREITO DE SORRIR.
CORRER NA BEIRA DO MAR,
TER LÁPIS DE COLORIR...
[...]

DESCER NO ESCORREGADOR,
FAZER BOLHA DE SABÃO,
SORVETE, SE FAZ CALOR,
BRINCAR DE ADIVINHAÇÃO.

[...]
CARRINHO, JOGOS, BONECAS,
MONTAR UM JOGO DE ARMAR,
AMARELINHA, PETECAS,
E UMA CORDA DE PULAR.
[...]

RUTH ROCHA. *OS DIREITOS DAS CRIANÇAS SEGUNDO RUTH ROCHA*. ILUSTRAÇÕES DE EDUARDO ROCHA. 2. ED. SÃO PAULO: SALAMANDRA, 2014. P. 6, 12, 16, 18 E 22.

A. CIRCULE OS DIREITOS DA CRIANÇA CITADOS NO POEMA.

B. O POEMA FAZ VÁRIAS REFERÊNCIAS A UM DIREITO FUNDAMENTAL DE TODA CRIANÇA. DESEMBARALHE AS LETRAS E DESCUBRA QUAL É ESSE DIREITO.

RINBARC _____

C. EXPLIQUE POR QUE ESSE DIREITO É IMPORTANTE.

SABER SER

_____
_____
_____

D. AGORA, CONTE À TURMA E AO PROFESSOR O QUE VOCÊ ENTENDEU DO TEXTO.

2 A ILUSTRAÇÃO A SEGUIR MOSTRA UMA BRINCADEIRA DE GANA, UM PAÍS DA ÁFRICA. OBSERVE A IMAGEM E LEIA COM O PROFESSOR O NOME DESSA BRINCADEIRA.

ANTOAKYIRE

- QUE BRINCADEIRA BRASILEIRA É PARECIDA COM A **ANTOAKYIRE**? MARQUE COM UM **X** A ALTERNATIVA CORRETA.

  ☐ PEGA-PEGA ☐ CORRE-CUTIA
  ☐ DANÇA DAS CADEIRAS

3 OBSERVE A ILUSTRAÇÃO ABAIXO. ELA MOSTRA UM GAROTO PASSANDO À FRENTE DE OUTRAS PESSOAS NA FILA EM UM PONTO DE ÔNIBUS.

A. O QUE VOCÊ ACHA DO COMPORTAMENTO DO GAROTO? CONVERSE COM OS COLEGAS E O PROFESSOR.

B. SE VOCÊ ESTIVESSE NA FILA, O QUE DIRIA A ELE?

Basurama/Acervo da cedente

CAPÍTULO 4

OS LUGARES DE BRINCAR

NO CAPÍTULO ANTERIOR, VIMOS MUITOS TIPOS DE BRINCADEIRA. AGORA, VAMOS RECONHECER DIFERENTES LUGARES EM QUE UMA BRINCADEIRA PODE SER REALIZADA: EM CASA, EM PRAÇAS E PARQUES, NA RUA, NO PÁTIO DA ESCOLA E EM VÁRIOS OUTROS LUGARES.

PARA COMEÇO DE CONVERSA

1. NA FOTO, COMO É O LUGAR ONDE AS CRIANÇAS ESTÃO BRINCANDO?

2. VOCÊ JÁ BRINCOU OU BRINCA EM LUGARES PARECIDOS COM O DA FOTO? SE SIM, EM QUAIS LUGARES?

3. EM QUAL LUGAR VOCÊ MAIS GOSTA DE BRINCAR? POR QUÊ?

SABER SER

◀ INSTALAÇÃO DE BALANÇOS NO VIADUTO DO CHÁ, NO MUNICÍPIO DE SÃO PAULO. FOTO DE 2013.

BRINCAR EM DIFERENTES LUGARES

AS BRINCADEIRAS QUE REALIZAMOS COM OS DIFERENTES GRUPOS DE NOSSA CONVIVÊNCIA ACONTECEM EM DIFERENTES LUGARES.

NESSES LUGARES, CONVIVEMOS COM MUITAS PESSOAS E COM ELAS BRINCAMOS, CONVERSAMOS, DAMOS RISADAS, APRENDEMOS E TAMBÉM ENSINAMOS. É NOS LUGARES QUE CONSTRUÍMOS NOSSA HISTÓRIA DE VIDA.

OS LUGARES DE BRINCAR PODEM SER BASTANTE DIFERENTES. OBSERVE ALGUNS EXEMPLOS.

A ▲ CRIANÇAS BRINCAM EM PARQUE NO MUNICÍPIO DE SÃO PAULO. FOTO DE 2018.

B ▲ CRIANÇAS BRINCAM NAS ÁGUAS DE PARQUE TEMÁTICO EM BARRA DO GARÇAS, MATO GROSSO. FOTO DE 2019.

1 JUNTE-SE A UM COLEGA PARA COMPARAR AS FOTOS ACIMA. DEPOIS, NO CADERNO, COPIEM E PREENCHAM O QUADRO A SEGUIR.

PERGUNTA	FOTO A	FOTO B
COM O QUE AS CRIANÇAS BRINCAM?		
ONDE ELAS BRINCAM?		
COMO ELAS PARECEM SE SENTIR?		

2 AGORA, COMPAREM MAIS DUAS FOTOS. NO CADERNO, COPIEM E PREENCHAM O QUADRO A SEGUIR.

▲ CRIANÇAS BRINCAM EM CASA NO MUNICÍPIO DE SÃO PAULO, 2017.

▲ CRIANÇAS INDÍGENAS DA ETNIA KALAPALO BRINCAM DE FUTEBOL NA ALDEIA AIHA. QUERÊNCIA. MATO GROSSO, 2018.

PERGUNTA	FOTO A	FOTO B
DO QUE AS CRIANÇAS BRINCAM?		
ONDE ELAS BRINCAM?		
COMO ELAS PARECEM SE SENTIR?		

3 VOCÊ JÁ BRINCOU EM LUGARES PARECIDOS COM OS MOSTRADOS NAS FOTOS DESTA PÁGINA E DA PÁGINA ANTERIOR?

☐ SIM   ☐ NÃO

• SE AINDA NÃO BRINCOU, GOSTARIA DE BRINCAR? POR QUÊ?

4 EM UMA FOLHA DE PAPEL AVULSA, DESENHE SEU LUGAR DE BRINCAR PREFERIDO. COLOQUE NO DESENHO O MAIOR NÚMERO DE ELEMENTOS POSSÍVEL. DEPOIS, MOSTRE O DESENHO AOS COLEGAS E DIGA POR QUE VOCÊ GOSTA DE BRINCAR NESSE LUGAR.

REPRESENTAÇÕES

PERTO, LONGE, AO LADO E ENTRE

VOCÊ JÁ APRENDEU A RECONHECER A POSIÇÃO DE UM ELEMENTO EM RELAÇÃO AOS DEMAIS UTILIZANDO NOÇÕES COMO ESQUERDA, DIREITA, FRENTE, ATRÁS, DENTRO, FORA, EM CIMA E EMBAIXO. AGORA, VOCÊ APRENDERÁ MAIS QUATRO NOÇÕES:

- **PERTO** E **LONGE** SÃO NOÇÕES RELACIONADAS À DISTÂNCIA DE UM ELEMENTO EM RELAÇÃO A OUTRO. QUANTO MENOR FOR ESSA DISTÂNCIA, MAIS PERTO UM ELEMENTO ESTARÁ DO OUTRO. QUANTO MAIOR FOR A DISTÂNCIA, MAIS LONGE UM ESTARÁ DO OUTRO.
- **AO LADO** É UMA EXPRESSÃO GERALMENTE USADA PARA IDENTIFICAR UM ELEMENTO LOCALIZADO IMEDIATAMENTE À ESQUERDA OU À DIREITA DE OUTRO ELEMENTO.
- **ENTRE** É O TERMO USADO PARA IDENTIFICAR UM ELEMENTO EM MEIO A OUTROS DOIS (PODENDO SER UM EM FRENTE E OUTRO ATRÁS, POR EXEMPLO).

1 OBSERVE A PINTURA E CONVERSE COM OS COLEGAS E O PROFESSOR SOBRE AS QUESTÕES A SEGUIR.

◀ ROSÂNGELA BORGES. *GANGORRA*, 2010. ÓLEO SOBRE TELA.

A. A CASA AMARELA ESTÁ MAIS **PERTO** DE QUAL CASA? E ESTÁ MAIS **LONGE** DE QUAL CASA?

B. DESCREVA A COR DA ROUPA DO MENINO QUE ESTÁ **AO LADO** DA MENINA DE VESTIDO ROSA EM CIMA DA GANGORRA.

C. QUAL É A COR DA CASA QUE ESTÁ **ENTRE** DUAS ÁRVORES?

2 OBSERVE O QUADRINHO AO LADO. DEPOIS, RESPONDA ÀS QUESTÕES A SEGUIR.

MAURICIO DE SOUSA. *MANUAL DE BRINCADEIRAS DA MÔNICA*. 4. ED. RIO DE JANEIRO: GLOBINHO, 2014.

A. DO QUE A GALERA DA TURMA DA MÔNICA ESTÁ BRINCANDO?

_____

B. O CASCÃO ESTÁ **PERTO** OU **LONGE** DA ÁRVORE?

_____

C. QUEM ESTÁ MAIS **LONGE** DO CASCÃO? E QUEM ESTÁ MAIS **PERTO** DO CASCÃO?

_____

D. QUANDO BRINCAMOS DE ESCONDE-ESCONDE, FICAMOS ATRÁS, PERTO OU LONGE DE ALGUM LUGAR E EMBAIXO OU DENTRO DE ALGO, PARA NÃO SERMOS VISTOS. ONDE VOCÊ SE ESCONDEU NA ÚLTIMA VEZ QUE BRINCOU DE ESCONDE--ESCONDE? CONVERSE COM OS COLEGAS E O PROFESSOR.

VAMOS LER IMAGENS!

MAQUETES

AS **MAQUETES** SÃO FORMAS DE REPRESENTAR OBJETOS, CONSTRUÇÕES OU ÁREAS INTEIRAS EM TAMANHO REDUZIDO. ELAS PODEM SER ELABORADAS COM MATERIAIS VARIADOS, COMO MADEIRA, GESSO, ISOPOR, PALITO, ESPUMA, COLA, PAPELÃO E SUCATA DE VÁRIOS TIPOS.

AS MAQUETES PODEM SER USADAS, POR EXEMPLO, PARA DEMONSTRAR OS DETALHES DE UMA ÁREA QUE ESTÁ SENDO ESTUDADA, PARA APRESENTAR UM PRÉDIO QUE SERÁ CONSTRUÍDO OU PARA REPRESENTAR UM LUGAR IMAGINÁRIO. OBSERVE A MAQUETE RETRATADA ABAIXO.

◀ MAQUETE REPRESENTANDO UM PARQUINHO E UMA QUADRA. FOTO DE 2017.

Marcelo Parducci/Acervo do fotógrafo

AS MAQUETES PERMITEM REPRESENTAR PAISAGENS DE NOSSOS LUGARES DE VIVÊNCIA. PODEMOS USÁ-LAS PARA MOSTRAR AS CARACTERÍSTICAS DA VIZINHANÇA,

DO ENTORNO DA ESCOLA OU DAS ÁREAS DE LAZER QUE FREQUENTAMOS. ASSIM, PODEMOS CONTAR UM POUCO DO QUE VIVEMOS NESSES LUGARES.

VOCÊ SABE QUAL É A DIFERENÇA ENTRE REPRESENTAR OS LUGARES DE VIVÊNCIA EM UMA MAQUETE E DESENHÁ-LOS EM UMA FOLHA DE PAPEL? A PRINCIPAL VANTAGEM DAS MAQUETES É PERMITIR A VISUALIZAÇÃO DOS ELEMENTOS REPRESENTADOS DE DIFERENTES PONTOS DE VISTA: DE FRENTE, DE LADO, DO ALTO.

QUEM OBSERVA UMA MAQUETE PODE, AINDA, COMPARAR A ALTURA DOS ELEMENTOS REPRESENTADOS. POR EXEMPLO, NA MAQUETE RETRATADA NA PÁGINA ANTERIOR, É FÁCIL PERCEBER QUE O SUPORTE DOS BALANÇOS É MAIS ALTO DO QUE O ESCORREGADOR.

AGORA É A SUA VEZ

OBSERVE NOVAMENTE A MAQUETE RETRATADA NA PÁGINA ANTERIOR E CONVERSE COM OS COLEGAS E O PROFESSOR SOBRE AS QUESTÕES A SEGUIR.

1. QUAIS ELEMENTOS É POSSÍVEL IDENTIFICAR NA MAQUETE DA IMAGEM? QUAIS DESSES ELEMENTOS SÃO MAIS ALTOS DO QUE O ESCORREGADOR?

2. QUAIS MATERIAIS PARECEM TER SIDO UTILIZADOS NA MONTAGEM DESSA MAQUETE?

3. SE VOCÊ FOSSE ELABORAR UMA MAQUETE, QUAL DE SEUS LUGARES DE VIVÊNCIA VOCÊ REPRESENTARIA? COMO SERIA ESSA MAQUETE? QUAIS MATERIAIS VOCÊ USARIA PARA CONFECCIONAR A MAQUETE?

4. UM DESENHO NO PAPEL PODE SER OBSERVADO DE UM ÚNICO PONTO DE VISTA. ISSO TAMBÉM OCORRE COM AS MAQUETES? EXPLIQUE COM SUAS PALAVRAS.

APRENDER SEMPRE

1 EM CASA, LEIA O TEXTO A SEGUIR COM UM ADULTO. DEPOIS, COMPARE AS FOTOS E CONVERSE COM ELE SOBRE AS QUESTÕES.

> NO ANTIGO ITAIM BIBI PODÍAMOS EXPLORAR OS CAMINHOS, FREQUENTAR AS CASAS E OS QUINTAIS DOS AMIGOS E VIZINHOS, BRINCAR NA RUA, SUBIR EM ÁRVORES, DESCOBRIR A IMAGINAÇÃO [...]. AS RODAS, OS CANTOS INFANTIS, PULAR CORDA [...], APOSTAR CORRIDAS PELAS RUAS DE TERRA, PULAR SELA, JOGAR BOLA, PIÃO E GUDE. [...]

▲ BAIRRO DO ITAIM BIBI, NO MUNICÍPIO DE SÃO PAULO, EM DUAS ÉPOCAS DIFERENTES. À ESQUERDA, RUA HELOÍSA, EM 1951. À DIREITA, AVENIDA JUSCELINO KUBITSCHEK, EM 2020.

NEREIDE S. SANTA ROSA. ITAIM BIBI: MEU BAIRRO, MINHA HISTÓRIA. EM: JAILSON LIMA DA SILVA (ORG.). *CONCURSO LITERÁRIO*: HISTÓRIA DO MEU BAIRRO, HISTÓRIA DO MEU MUNICÍPIO. SÃO PAULO: ARTE & CIÊNCIA, 2006. P. 116.

A. O QUE A AUTORA DO TEXTO FAZIA NO ANTIGO BAIRRO DO ITAIM BIBI?

B. MARQUE COM UM **X** A FOTO QUE RETRATA O ITAIM BIBI NA ÉPOCA EM QUE A AUTORA MOROU NO BAIRRO.

C. OBSERVE NOVAMENTE A FOTO DO ITAIM BIBI EM 2020. SERIA POSSÍVEL BRINCAR NESSE BAIRRO, HOJE, DO MESMO JEITO DESCRITO NO TEXTO?

2 NAS PÁGINAS 52 E 53, VOCÊ APRENDEU O QUE É MAQUETE. AGORA, VOCÊ VAI CONSTRUIR UMA MAQUETE COM UM GRUPO DE COLEGAS.

MATERIAIS NECESSÁRIOS

- UMA BASE, QUE PODE SER UM PEDAÇO DE PAPELÃO, DE ISOPOR OU DE MADEIRA.
- VARIADAS SUCATAS, PEÇAS DE JOGOS, BOTÕES, EMBALAGENS E TAMPAS DE GARRAFA.
- TINTAS, PAPÉIS, MASSA DE MODELAR, COLA E OUTROS MATERIAIS PARA DECORAR.

COMO FAZER

- ESCOLHAM UM ESPAÇO DA ESCOLA QUE VOCÊS UTILIZAM PARA BRINCAR.
- FAÇAM UM RECONHECIMENTO DOS ELEMENTOS ENCONTRADOS NESSE ESPAÇO: GRAMA, BANCOS, MESAS, LIXEIRAS, BRINQUEDOS.
- DEFINAM COMO USAR OS MATERIAIS QUE VOCÊS REUNIRAM PARA REPRESENTAR CADA UM DESSES ELEMENTOS.
- PINTEM A BASE COM TINTA. ELA DEVE FICAR PARECIDA COM O CHÃO DO ESPAÇO ESCOLHIDO.
- UTILIZEM OS MATERIAIS PARA DAR FORMA E COR AOS ELEMENTOS. AFIXEM COM COLA CADA ELEMENTO NA BASE DA MAQUETE, RESPEITANDO A LOCALIZAÇÃO REAL.
- O PROFESSOR VAI ORGANIZAR A EXPOSIÇÃO DAS MAQUETES.
- OBSERVEM AS MAQUETES DOS COLEGAS.

Coleção particular. Fotografia: ID/BR

CAPÍTULO 5

AS FAMÍLIAS

AO LONGO DA VIDA, CONHECEMOS VÁRIAS PESSOAS E PARTICIPAMOS DE DIFERENTES GRUPOS. UM DESSES GRUPOS É ESPECIAL. VOCÊ SABE QUAL É? VAMOS FALAR SOBRE ELE NESTE CAPÍTULO.

PARA COMEÇO DE CONVERSA

1. QUE GRUPO O ARTISTA REPRESENTOU NA PINTURA: DA FAMÍLIA, DE AMIGOS, DE DESCONHECIDOS OU OUTRO GRUPO? COMO VOCÊ CHEGOU A ESSA CONCLUSÃO?

2. TODAS AS PESSOAS PARECEM FELIZES E EM HARMONIA NA PINTURA. EM SUA OPINIÃO, AS PESSOAS DE UM GRUPO CONSEGUEM VIVER O TEMPO TODO EM HARMONIA?

◂ GIOVANNI BATTISTA TORRIGLIA. *PRIMEIROS PASSOS*, SÉCULO 19. ÓLEO SOBRE TELA.

PRIMEIRO GRUPO SOCIAL

A **FAMÍLIA** É UM DOS GRUPOS MAIS IMPORTANTES E, EM GERAL, UM DOS PRIMEIROS GRUPOS SOCIAIS DOS QUAIS FAZEMOS PARTE.

OS ADULTOS DA FAMÍLIA SÃO OS RESPONSÁVEIS PELOS CUIDADOS COM AS CRIANÇAS E POR GARANTIR QUE ELAS APRENDAM OS COSTUMES DA COMUNIDADE. VOCÊ SE LEMBRA DE ALGUMA ATIVIDADE QUE TENHA APRENDIDO COM OS ADULTOS RESPONSÁVEIS POR VOCÊ?

A HISTÓRIA EM COMUM E O AFETO COMPARTILHADO ENTRE OS FAMILIARES UNEM ESSE GRUPO SOCIAL.

OBSERVE AO LADO A FOTO DE UMA FAMÍLIA.

FOTO DE UMA FAMÍLIA NO MUNICÍPIO DE SÃO PAULO, 2019.

1 MARQUE COM UM **X** OS QUADRINHOS DOS NÚMEROS QUE RESPONDEM CORRETAMENTE ÀS QUESTÕES.

A. QUANTOS ADULTOS FAZEM PARTE DA FAMÍLIA RETRATADA NA FOTO?

☐ 1   ☐ 2   ☐ 3   ☐ 4

B. E QUANTAS CRIANÇAS FAZEM PARTE DELA?

☐ 1   ☐ 2   ☐ 3   ☐ 4

2 O QUE A FAMÍLIA DA FOTO ESTÁ FAZENDO? SUA FAMÍLIA COSTUMA REALIZAR ALGUMA ATIVIDADE PARECIDA COM ESSA? CONTE AOS COLEGAS E AO PROFESSOR.

DIFERENTES TIPOS DE FAMÍLIA

AS FAMÍLIAS PODEM SER FORMADAS POR PAI, MÃE E UM OU MAIS FILHOS. MAS EXISTEM VÁRIOS OUTROS **TIPOS DE FAMÍLIA**.

OS TIPOS DE FAMÍLIA PODEM MUDAR DE ACORDO COM O LUGAR, A ÉPOCA E OS COSTUMES DE CADA COMUNIDADE.

OBSERVE AS FOTOS A SEGUIR.

A ▲ FAMÍLIA FORMADA POR UM CASAL SEM FILHOS. SÃO CAETANO DO SUL, SÃO PAULO, 2019.

B ▲ FAMÍLIA FORMADA POR PAI E FILHO. CABO FRIO, RIO DE JANEIRO, 2017.

C ▲ FAMÍLIA FORMADA POR AVÓ E NETOS. POÇOS DE CALDAS, MINAS GERAIS, 2018.

D ▲ FAMÍLIA FORMADA POR AVÓS, FILHA E NETAS. ARAÇUAÍ, MINAS GERAIS, 2018.

1 VOCÊ CONHECE ALGUÉM QUE TENHA UMA FAMÍLIA QUE POSSA SER REPRESENTADA POR UMA DAS FOTOS ACIMA? CONVERSE COM OS COLEGAS E O PROFESSOR.

2 QUE OUTROS TIPOS DE FAMÍLIA VOCÊ CONHECE? CONVERSE COM OS COLEGAS E O PROFESSOR.

3 LEIA O TEXTO ABAIXO EM VOZ ALTA. DEPOIS, CONVERSE COM OS COLEGAS SOBRE AS QUESTÕES A SEGUIR.

> OI! EU SOU A MALU E TENHO DUAS MÃES.
> A MAMI DORA E A MAMÁ LARA.
> A MAMI ME ACORDA CEDINHO E ME ENCHE DE BEIJOS.
> A MAMÁ PREPARA O NOSSO CAFÉ DA MANHÃ COM MUITAS FRUTINHAS E MUITO CARINHO.
> [...]
> A MAMI ME LEVA AO PARQUE SEMPRE QUE TEM SOL.
> E, QUANDO CHOVE, A MAMÁ PASSA A TARDE INTEIRINHA CANTANDO COMIGO.
> [...]
> ANTES DE ACABAR O DIA, ELAS ME CONTAM HISTÓRIAS DE NINAR, E EU DURMO MUITO FELIZ.
> SABE POR QUÊ?
> PORQUE, AO CONTRÁRIO DO QUE DIZEM POR AÍ, MÃE NÃO É UMA SÓ...
> ... EU TENHO DUAS.
>
> NANDA MATEUS; RAPHAELA COMISSO. *MÃE NÃO É UMA SÓ, EU TENHO DUAS!*. SÃO PAULO: SAÍRA EDITORIAL, 2020. P. 32.

A. A FAMÍLIA DA HISTÓRIA É COMPOSTA DE TRÊS PESSOAS. QUEM SÃO AS PESSOAS QUE FAZEM PARTE DESSA FAMÍLIA?

B. O QUE MALU FAZ COM A MAMI QUANDO FAZ SOL? E O QUE ELA FAZ COM A MAMÁ QUANDO CHOVE?

C. DE ACORDO COM A HISTÓRIA, POR QUE MALU DORME MUITO FELIZ QUANDO ACABA O DIA?

4 EM UMA FOLHA DE PAPEL AVULSA, FAÇA UM DESENHO DE SUA FAMÍLIA E, AO LADO, DESENHE COMO VOCÊ IMAGINA A FAMÍLIA DE MALU. DEPOIS, CONVERSE COM OS COLEGAS: A FAMÍLIA DE MALU É DIFERENTE DE SUA FAMÍLIA? QUAIS SÃO AS DIFERENÇAS? E O QUE SUA FAMÍLIA TEM DE PARECIDO COM A FAMÍLIA DE MALU?

O DIREITO A UMA FAMÍLIA

NA FAMÍLIA, AS CRIANÇAS ENCONTRAM PROTEÇÃO E CARINHO E RECEBEM CUIDADOS ESSENCIAIS À VIDA. POR ISSO, TODA CRIANÇA TEM **DIREITO A UMA FAMÍLIA**.

SE UMA CRIANÇA NÃO PODE MAIS VIVER COM SEUS PAIS, AINDA ASSIM ELA TEM DIREITO AO CONVÍVIO COM ADULTOS RESPONSÁVEIS, QUE POSSAM DAR PROTEÇÃO A ELA E TRATÁ-LA COM RESPEITO. NESSE CASO, A CRIANÇA PODE SER INCORPORADA A UMA FAMÍLIA FORMADA POR PARENTES OU POR OUTRAS PESSOAS INTERESSADAS EM CONSTRUIR COM ELA LAÇOS DE AFETO.

HÁ CRIANÇAS QUE SÃO ACOLHIDAS POR ABRIGOS ANTES DE ENCONTRAR UMA NOVA FAMÍLIA. NOS ABRIGOS, AS CRIANÇAS RECEBEM ALIMENTAÇÃO E AMPARO E PARTICIPAM DE ATIVIDADES RECREATIVAS E EDUCATIVAS. DESSE MODO, ELAS PODEM CONVIVER E CRIAR VÍNCULOS COM OUTRAS CRIANÇAS.

1 OBSERVE A FOTO A SEGUIR. DEPOIS, RESPONDA À QUESTÃO.

◀ CRIANÇAS EM ABRIGO EM SÃO CARLOS, SÃO PAULO. FOTO DE 2012.

- QUAIS DIREITOS BÁSICOS DESSAS CRIANÇAS ESTÃO SENDO RESPEITADOS?

MINHA FAMÍLIA

VOCÊ VIU QUE EXISTEM DIFERENTES TIPOS DE FAMÍLIA. AGORA É O MOMENTO DE CONTAR COMO É A SUA.

1 COMPLETE O QUADRO ABAIXO, IDENTIFICANDO AS PESSOAS QUE FAZEM PARTE DE SUA FAMÍLIA.

MINHA FAMÍLIA		
GRAU DE PARENTESCO	NOME DA PESSOA	IDADE

2 FAÇA UMA REPRESENTAÇÃO DAS PESSOAS DE SUA FAMÍLIA. PARA ISSO, SIGA OS PASSOS INDICADOS.

MATERIAIS NECESSÁRIOS

- UMA FOLHA DE PAPEL SULFITE
- COLA OU FITA ADESIVA
- TESOURA DE PONTAS ARREDONDADAS
- CANETAS, LÁPIS PRETO E TINTA DE DIVERSAS CORES
- MATERIAIS VARIADOS PARA DECORAR, COMO FIOS DE LÃ, PEDAÇOS DE TECIDO, FITAS, ENTRE OUTROS

COMO FAZER

- DOBRE A FOLHA DE PAPEL SULFITE AO MEIO. EM SEGUIDA, DOBRE ESSA FOLHA AO MEIO NOVAMENTE.

- NA FAIXA DE PAPEL OBTIDA, DESENHE O CONTORNO DE UM BONECO, CONFORME A ILUSTRAÇÃO.

- RECORTE O BONECO E DESDOBRE A FOLHA. VOCÊ VAI OBTER QUATRO BONECOS.

- OBSERVE, NO QUADRO DA PÁGINA ANTERIOR, QUANTAS PESSOAS FORMAM SUA FAMÍLIA. SE SUA FAMÍLIA TIVER MENOS DE QUATRO PESSOAS, ELIMINE O NÚMERO NECESSÁRIO DE BONECOS. SE TIVER MAIS PESSOAS, REPITA O PROCEDIMENTO ATÉ OBTER A QUANTIDADE DE BONECOS CORRESPONDENTE AO NÚMERO DE INTEGRANTES DE SUA FAMÍLIA.

- JUNTE OS BONECOS COM COLA OU FITA ADESIVA.

- DECORE OS BONECOS COM AS CARACTERÍSTICAS DE CADA PESSOA DE SUA FAMÍLIA. SE QUISER, ANOTE O NOME DELAS. AO FINAL, MOSTRE A REPRESENTAÇÃO DE SUA FAMÍLIA AOS COLEGAS E VEJA AS REPRESENTAÇÕES DELES.

PESSOAS E LUGARES

FAMÍLIAS YANOMAMI

OS **YANOMAMI** SÃO UM DOS GRUPOS INDÍGENAS MAIS ISOLADOS QUE SE CONHECE. ELES VIVEM NA FLORESTA AMAZÔNICA, ENTRE O BRASIL E A VENEZUELA.

AS FAMÍLIAS YANOMAMI CONSTROEM GRANDES MORADIAS EM FORMATO CIRCULAR E ABERTAS AO CENTRO, CHAMADAS DE *YANOS* OU *XAPONOS*. ESSAS MORADIAS SÃO **COMUNAIS**, OU SEJA, PERTENCEM A TODAS AS FAMÍLIAS DO GRUPO.

A PARTE CENTRAL DE UM *YANO* OU *XAPONO* É DESCOBERTA. ESSE ESPAÇO É UTILIZADO POR TODOS EM SITUAÇÕES COMO FESTAS, JOGOS, RITUAIS E ATIVIDADES DO DIA A DIA.

▲ MORADIA TÍPICA DOS YANOMAMI, CHAMADA DE *YANO* OU *XAPONO*, EM MEIO À FLORESTA AMAZÔNICA. ALDEIA DO DEMINÍ, EM BARCELOS, AMAZONAS. FOTO DE 2012.

◀ ÁREA CENTRAL DE UM *YANO* OU *XAPONO* NA ALDEIA DO DEMINÍ, EM BARCELOS, AMAZONAS. FOTO DE 2011.

DENTRO DA GRANDE **MALOCA** HÁ PARTES DESTINADAS A CADA FAMÍLIA. NESSES ESPAÇOS, AS FAMÍLIAS DORMEM, GERALMENTE EM REDES, REALIZAM ATIVIDADES DO DIA A DIA E POSSUEM UMA PRÓPRIA FOGUEIRA, UTILIZADA NO PREPARO DO ALIMENTO E PARA DEIXAR O AMBIENTE ILUMINADO À NOITE.

> **MALOCA:** MORADIA INDÍGENA CONSTRUÍDA PARA MUITAS FAMÍLIAS.

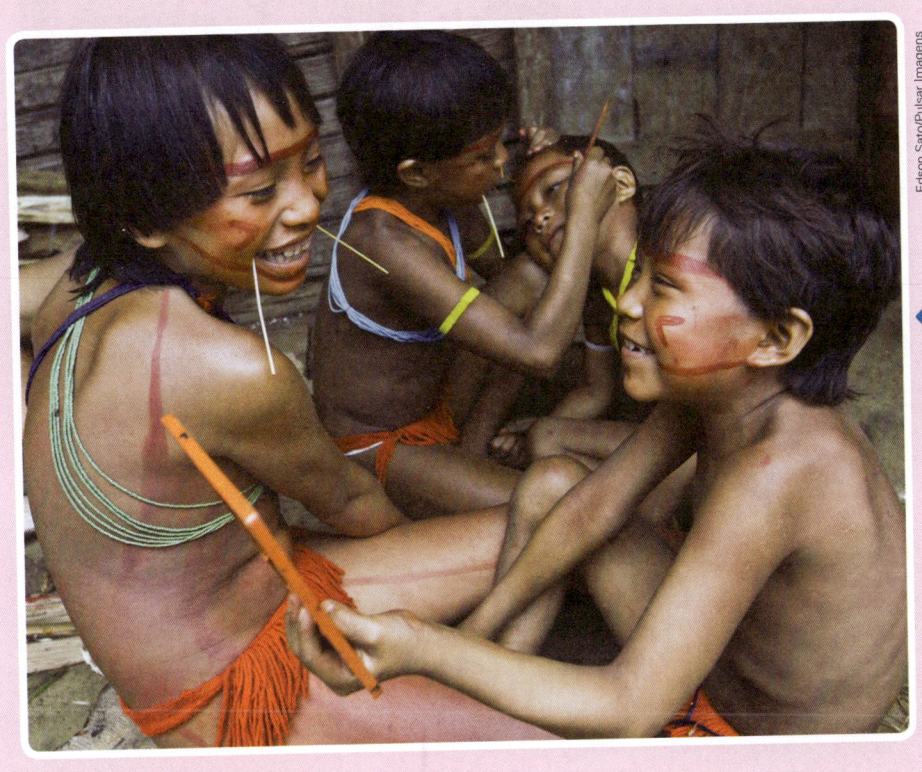

◀ CRIANÇAS YANOMAMI DA ALDEIA DO DEMINÍ SE PINTANDO COM CASCAS DE PAXIÚBA, UMA PALMEIRA ENCONTRADA NA FLORESTA AMAZÔNICA. BARCELOS, AMAZONAS, 2012.

AGORA, CONVERSE COM OS COLEGAS E O PROFESSOR SOBRE AS QUESTÕES A SEGUIR.

1. ONDE VIVEM OS GRUPOS YANOMAMI?
2. COMO SÃO AS MORADIAS DOS INDÍGENAS YANOMAMI?
3. COMO VIVEM AS FAMÍLIAS DOS YANOMAMI?
4. COMO VOCÊ E SUA FAMÍLIA SE ORGANIZAM NO ESPAÇO DE SUA CASA? O QUE É PARECIDO E O QUE É DIFERENTE DO MODO COMO SE ORGANIZAM AS FAMÍLIAS YANOMAMI?

APRENDER SEMPRE

1 OBSERVE A FOTO ABAIXO, QUE MOSTRA UMA FAMÍLIA REUNIDA PARA UMA REFEIÇÃO. DEPOIS, FAÇA O QUE SE PEDE.

- COMO VOCÊ E SUA FAMÍLIA SE REÚNEM NO MOMENTO DAS REFEIÇÕES? DESENHE EM UMA FOLHA DE PAPEL AVULSA.

ARIQUEMES, RONDÔNIA, 2018.

2 LEIA O TEXTO A SEGUIR EM VOZ ALTA. DEPOIS, CONVERSE COM OS COLEGAS E O PROFESSOR SOBRE AS QUESTÕES.

> [...] FAMÍLIAS PODEM SER GRANDES, PEQUENAS, FELIZES, TRISTES, RICAS, POBRES, ESPALHAFATOSAS, SILENCIOSAS, BRAVAS, BEM-HUMORADAS, PREOCUPADAS OU DESENCANADAS.
> A MAIORIA DAS FAMÍLIAS É TUDO ISSO EM ALGUM MOMENTO.
> DE QUE JEITO ESTÁ A SUA FAMÍLIA HOJE?
>
> MARY HOFFMAN. *O GRANDE E MARAVILHOSO LIVRO DAS FAMÍLIAS*. SÃO PAULO: SM, 2010.

A. DE ACORDO COM O TEXTO, COMO AS FAMÍLIAS PODEM SER?

B. RESPONDA À QUESTÃO DA ÚLTIMA LINHA DO TEXTO: "DE QUE JEITO ESTÁ A SUA FAMÍLIA HOJE?".

C. O QUE VOCÊ E AS PESSOAS DE SUA FAMÍLIA COSTUMAM FAZER PARA SUPERAR MOMENTOS DE MAU HUMOR?

SABER SER

3 REÚNA-SE COM ALGUNS COLEGAS. VOCÊS FARÃO UMA ENTREVISTA COM UM FAMILIAR ADULTO DE UM DOS MEMBROS DO GRUPO. O OBJETIVO É VERIFICAR A ORIGEM DA FAMÍLIA DO ENTREVISTADO. PARA ISSO, SIGAM ESTE ROTEIRO:

- AO CONVIDAR A PESSOA PARA A ENTREVISTA, EXPLIQUEM O OBJETIVO DA ATIVIDADE.
- VOCÊS DEVEM COMBINAR O DIA, O HORÁRIO E O LOCAL DA ENTREVISTA.
- DURANTE A ENTREVISTA, FAÇAM PERGUNTAS PARA OBTER AS SEGUINTES INFORMAÇÕES SOBRE A PESSOA ENTREVISTADA:
  - DADOS PESSOAIS (NOME, IDADE, LOCAL EM QUE MORA);
  - LOCAL DE NASCIMENTO;
  - MUNICÍPIOS EM QUE JÁ MOROU E QUANDO;
  - NOME E LOCAL DE NASCIMENTO DOS PAIS, DOS AVÓS E, SE POSSÍVEL, DOS BISAVÓS;
  - OUTRAS CURIOSIDADES QUE ACHAREM INTERESSANTES SOBRE A ORIGEM DO ENTREVISTADO E DA FAMÍLIA DELE.
- VOCÊ E OS COLEGAS DEVEM REGISTRAR NO CADERNO AS INFORMAÇÕES OBTIDAS. SE NECESSÁRIO, PEÇAM A UM ADULTO QUE OS AJUDE A FAZER AS ANOTAÇÕES.
- NA SALA DE AULA, COMPARTILHEM COM OS COLEGAS AS DESCOBERTAS DO GRUPO.
- AO FINAL DAS APRESENTAÇÕES, CONVERSEM COM OS COLEGAS SOBRE ESSAS DESCOBERTAS, BUSCANDO RECONHECER SEMELHANÇAS E DIFERENÇAS NAS ORIGENS, NOS HÁBITOS E NOS COSTUMES E TRADIÇÕES DAS PESSOAS QUE COMPÕEM A COMUNIDADE ESCOLAR.

Cadu De Castro/Pulsar Imagens

CAPÍTULO 6

AS MORADIAS

A MORADIA SEMPRE FOI UMA NECESSIDADE HUMANA.

MUTIRÃO É UMA PRÁTICA NA QUAL AS PESSOAS SE UNEM PARA CONSTRUIR AS MORADIAS DE INTEGRANTES DE SUA COMUNIDADE, COMO FAZ O GRUPO RETRATADO NA FOTO AO LADO.

PARA COMEÇO DE CONVERSA

1. QUAL É A IMPORTÂNCIA DE TER UM LUGAR PARA MORAR?

2. EM SUA OPINIÃO, O QUE LEVA AS PESSOAS A SE ORGANIZAREM EM MUTIRÕES?

3. VOCÊ JÁ PARTICIPOU DE ALGUM MUTIRÃO? SE SIM, CONTE SUA EXPERIÊNCIA. SE NÃO, CONTE COMO VOCÊ IMAGINA QUE SEJA.

SABER SER

◀ ADULTOS E CRIANÇAS EM MUTIRÃO PARA A CONSTRUÇÃO DE UMA MORADIA DE PAREDE DE TAIPA, EM BERTIOGA, SÃO PAULO. FOTO DE 2021.

SESSENTA E NOVE

A IMPORTÂNCIA DAS MORADIAS

AS MORADIAS SÃO IMPORTANTES PORQUE PROTEGEM AS PESSOAS DO FRIO, DA CHUVA E DO SOL FORTE, POR EXEMPLO.

NAS MORADIAS, AS PESSOAS PODEM DESCANSAR, ENCONTRAR CONFORTO E REALIZAR DIVERSAS ATIVIDADES DO DIA A DIA. É TAMBÉM NAS MORADIAS QUE AS PESSOAS CONVIVEM COM SEUS FAMILIARES E AMIGOS.

1. LEIA O TEXTO A SEGUIR COM A AJUDA DO PROFESSOR.

> COMO QUALQUER CRIANÇA, EM CASA, OLGA ADORA BRINCAR.
> TODOS OS BRINQUEDOS NO CHÃO ELA PODE ESPALHAR, E AINDA TEM LANCHINHO PARA ENCHER PANÇA. [...]
>
> MARINHO FREIRE. *FICA EM CASA, OLGA*. DISPONÍVEL EM: https://ficaemcasaolga.com/. ACESSO EM: 25 ABR. 2021.

A. O QUE OLGA PODE FAZER QUANDO ELA BRINCA EM CASA? COMO VOCÊ ACHA QUE OLGA SE SENTE AO BRINCAR EM SUA CASA? CONVERSE COM OS COLEGAS.

B. ASSINALE ABAIXO OS ITENS QUE CORRESPONDEM AO QUE VOCÊ SENTE EM RELAÇÃO À SUA MORADIA. SE ACHAR NECESSÁRIO, COMPLETE COM OUTROS ITENS.

- ☐ PROTEÇÃO
- ☐ TRANQUILIDADE
- ☐ AMOR
- ☐ SEGURANÇA
- ☐ CONFORTO
- ☐ FELICIDADE

OUTROS: _____

C. EM UMA FOLHA DE PAPEL AVULSA, DESENHE A PARTE DA FRENTE DE SUA MORADIA, VISTA DO LADO DE FORA. DEPOIS, MOSTRE SEU DESENHO AOS COLEGAS.

MORADIA E DIGNIDADE

NÃO BASTA TER UM LUGAR PARA MORAR. AS PESSOAS PRECISAM TER UMA MORADIA **DIGNA**. ISSO SIGNIFICA QUE A MORADIA DEVE APRESENTAR BOAS CONDIÇÕES DE CONSERVAÇÃO E HIGIENE, ALÉM DE OFERECER SEGURANÇA E CONFORTO AOS MORADORES.

UMA MORADIA DIGNA PRECISA TER O TAMANHO ADEQUADO AO NÚMERO DE MORADORES. ELA TAMBÉM PRECISA SER ABASTECIDA COM **ÁGUA POTÁVEL**, E O LOCAL ONDE ELA ESTÁ DEVE RECEBER ATENDIMENTO DOS SERVIÇOS PÚBLICOS ESSENCIAIS, COMO REDE DE ESGOTO E DE ENERGIA ELÉTRICA, COLETA DE LIXO E OFERTA DE TRANSPORTE PÚBLICO, DE ESCOLAS, DE POSTOS DE SAÚDE, ENTRE OUTROS.

> **ÁGUA POTÁVEL:** ÁGUA LIMPA E ADEQUADA AO CONSUMO HUMANO.

1 OBSERVE A ILUSTRAÇÃO ABAIXO. CIRCULE OS PROBLEMAS QUE A MORADIA APRESENTA.

2 EM SUA OPINIÃO, COMO ESSES PROBLEMAS ATRAPALHAM A VIDA DOS MORADORES DA CASA REPRESENTADA ACIMA? O QUE PODERIA SER FEITO PARA RESOLVER ESSES PROBLEMAS? CONVERSE COM OS COLEGAS.

O DIREITO À MORADIA

TODAS AS PESSOAS TÊM DIREITO A UMA MORADIA. MAS SERÁ QUE ESSE DIREITO É SEMPRE RESPEITADO?

ATUALMENTE, HÁ MUITOS CIDADÃOS QUE NÃO TÊM ACESSO A MORADIAS DIGNAS. ALGUNS DELES VIVEM EM SITUAÇÃO DE RUA, OCUPANDO PRAÇAS E OUTROS ESPAÇOS PÚBLICOS QUE NÃO OFERECEM AS CONDIÇÕES BÁSICAS DE MORADIA QUE VOCÊ VIU NA PÁGINA ANTERIOR.

▲ VISTA DE MORADIAS CONSTRUÍDAS POR MEIO DE PROGRAMAS HABITACIONAIS DO GOVERNO, EM NOVA IGUAÇU, RIO DE JANEIRO. FOTO DE 2020.

NO BRASIL, UMA DAS SOLUÇÕES PROPOSTAS PELO GOVERNO FOI A CRIAÇÃO DE **PROGRAMAS HABITACIONAIS**. POR MEIO DELES, SÃO CONSTRUÍDAS MORADIAS POPULARES, COM PREÇOS MAIS BAIXOS E PAGAMENTO FACILITADO. ESSE TIPO DE INICIATIVA TORNA AS MORADIAS DIGNAS MAIS ACESSÍVEIS AOS CIDADÃOS E COLABORA PARA O CUMPRIMENTO DO DIREITO À MORADIA.

3 AS MORADIAS SÃO UM DIREITO DE TODAS AS PESSOAS. POR QUE É TÃO IMPORTANTE TER UMA MORADIA?

_____

_____

4 COM A ORIENTAÇÃO DO PROFESSOR, PESQUISE SE NO MUNICÍPIO ONDE VOCÊ VIVE HÁ PROGRAMAS HABITACIONAIS PARA ATENDER ÀS FAMÍLIAS QUE NÃO TÊM MORADIA DIGNA. ESCREVA NO CADERNO O QUE DESCOBRIR E COMPARTILHE COM A TURMA.

COLABORAÇÃO PARA VIVER BEM

TODAS AS PESSOAS QUE COMPARTILHAM O MESMO ESPAÇO DEVEM CONTRIBUIR PARA MANTÊ-LO LIMPO E ORGANIZADO. ISSO DEVE ACONTECER EM CASA E NOS ESPAÇOS PÚBLICOS.

A MANUTENÇÃO DE ESPAÇOS PÚBLICOS, COMO RUAS E PRAÇAS, DEPENDE DOS CUIDADOS DE QUEM MORA PRÓXIMO DESSES ESPAÇOS OU CIRCULA POR ELES. TAMBÉM DEPENDE DE AÇÕES DO GOVERNO, COMO RETRATAM AS FOTOS **A** E **B**.

▲ OBRA DE ASFALTAMENTO DE RUA EM SÃO LUÍS, MARANHÃO. FOTO DE 2020.

▲ GARIS FAZEM LIMPEZA DE PRAÇA EM CAICÓ, RIO GRANDE DO NORTE, 2019.

▲ MENINO AJUDANDO A MÃE NAS TAREFAS DE CASA. CAMPO MOURÃO, PARANÁ. FOTO DE 2017.

▲ MENINO GUARDANDO OS BRINQUEDOS. MUNICÍPIO DE SÃO PAULO, 2017.

1 CONVERSE COM OS COLEGAS E O PROFESSOR:

A. COMO AS PESSOAS PODEM CONTRIBUIR PARA A CONSERVAÇÃO DOS ESPAÇOS PÚBLICOS?

B. POR QUE AS AÇÕES MOSTRADAS NAS FOTOS **C** E **D** AJUDAM A MANTER A CASA ORGANIZADA?

SABER SER

SETENTA E TRÊS

REPRESENTAÇÕES

PONTOS DE VISTA

PODEMOS OBSERVAR UM OBJETO OU OS ELEMENTOS DE UMA PAISAGEM DE DIFERENTES **PONTOS DE VISTA**. DEPENDENDO DA POSIÇÃO EM QUE OBSERVAMOS UM OBJETO, CONSEGUIMOS VISUALIZAR DETALHES DIFERENTES DELE.

NAS FOTOS ABAIXO, A MESMA CASA É RETRATADA DE PONTOS DE VISTA DIFERENTES.

▲ CASA VISTA DE FRENTE.

▲ CASA VISTA DO ALTO, DE MODO INCLINADO.

▲ CASA VISTA DO ALTO, DE CIMA PARA BAIXO.

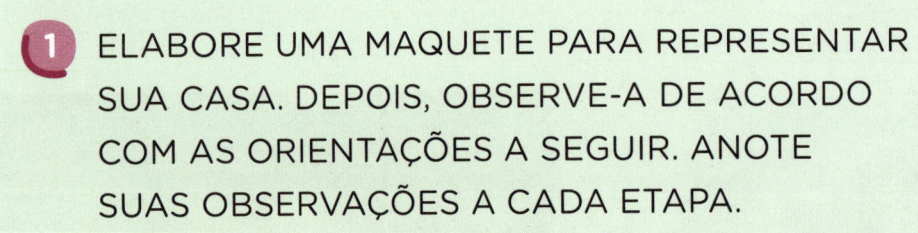

1 ELABORE UMA MAQUETE PARA REPRESENTAR SUA CASA. DEPOIS, OBSERVE-A DE ACORDO COM AS ORIENTAÇÕES A SEGUIR. ANOTE SUAS OBSERVAÇÕES A CADA ETAPA.

- OBSERVE A MAQUETE **DE FRENTE**: COLOQUE-A SOBRE UMA MESA COM A FRENTE VOLTADA PARA VOCÊ. POSICIONE-SE COM OS OLHOS ALINHADOS AO CENTRO DA CASA.

- OBSERVE A MAQUETE **DO ALTO E DE MODO INCLINADO**: MANTENHA A MAQUETE NO CHÃO, PERMANEÇA EM PÉ E FAÇA A OBSERVAÇÃO A DOIS PASSOS DE DISTÂNCIA DELA. MIRE O CENTRO DO TELHADO DA CASA.

- OBSERVE A MAQUETE **EXATAMENTE DE CIMA PARA BAIXO**: COLOQUE-A NO CHÃO E FIQUE EM PÉ BEM PERTO DELA. VOLTE OS OLHOS PARA O CENTRO DO TELHADO DA CASA.

2 OBSERVE AS FOTOS A SEGUIR. ELAS MOSTRAM ESCOLAS DE UM LADO E MATERIAIS ESCOLARES DE OUTRO, VISTOS DE DIFERENTES PONTOS DE VISTA. LIGUE AS FOTOS DE ESCOLAS E DE MATERIAIS ESCOLARES QUE MOSTRAM O MESMO PONTO DE VISTA.

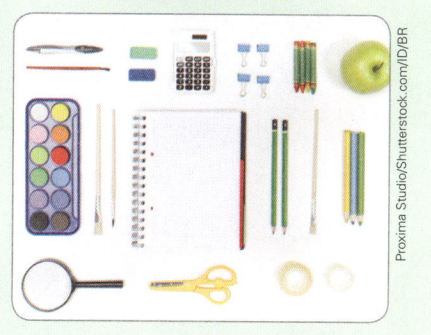

3 EM UMA FOLHA DE PAPEL AVULSA, ESCOLHA UM OBJETO DA SALA DE AULA E FAÇA UM DESENHO DESSE OBJETO DE UM PONTO DE VISTA ESCOLHIDO POR VOCÊ. EM SEGUIDA, MOSTRE SEU DESENHO AOS COLEGAS E OBSERVE OS DESENHOS DELES. PROCURE DESCOBRIR QUAIS OBJETOS FORAM DESENHADOS E QUAIS FORAM OS PONTOS DE VISTA ESCOLHIDOS PELOS COLEGAS.

APRENDER SEMPRE

1 EM CASA, LEIA EM VOZ ALTA O TEXTO ABAIXO COM O AUXÍLIO DE UM ADULTO. DEPOIS, CONVERSE COM ELE SOBRE AS QUESTÕES A SEGUIR.

SEM CASA

TEM GENTE QUE NÃO TEM CASA,
MORA AO LÉU, DEBAIXO DA PONTE.
NO CÉU A LUA ESPIA
ESSE MONTE DE GENTE NA RUA,
COMO SE FOSSE PAPEL
GENTE TEM QUE TER ONDE MORAR,
UM CANTO, UM QUARTO, UMA CAMA
PARA NO FIM DO DIA GUARDAR O CORPO
CANSADO, COM CARINHO, COM CUIDADO,
PORQUE O CORPO É A CASA
DOS PENSAMENTOS.

ROSEANA MURRAY. SEM CASA. EM: *CASAS*. SÃO PAULO: FORMATO EDITORIAL, 2019. P. 23.

A. QUAL SITUAÇÃO É ABORDADA NO POEMA? CONTE O QUE VOCÊ ENTENDEU DO POEMA AO ADULTO QUE LEU O TEXTO COM VOCÊ.

B. RELEIA A SEGUINTE AFIRMAÇÃO: "GENTE TEM QUE TER ONDE MORAR". DE ACORDO COM O POEMA, POR QUE ISSO É IMPORTANTE?

C. COMO VOCÊ IMAGINA QUE É A VIDA DE PESSOAS COMO AS CITADAS NO TEXTO?

D. QUAL DIREITO DESSAS PESSOAS NÃO É RESPEITADO?

2 O QUE CADA PESSOA DE SUA FAMÍLIA FAZ PARA COLABORAR COM A ORGANIZAÇÃO DA CASA? VOCÊ COSTUMA PARTICIPAR DAS TAREFAS DE CASA? EM CASO AFIRMATIVO, DE QUAIS DELAS?

_____
_____
_____

3 MARÍLIA FOTOGRAFOU UMA CASA DE DIFERENTES PONTOS DE VISTA. DESTAQUE E COLE AS IMAGENS DA PÁGINA 153 DE ACORDO COM CADA PONTO DE VISTA ADOTADO POR MARÍLIA.

Ilustrações: André Aguiar/ID/BR

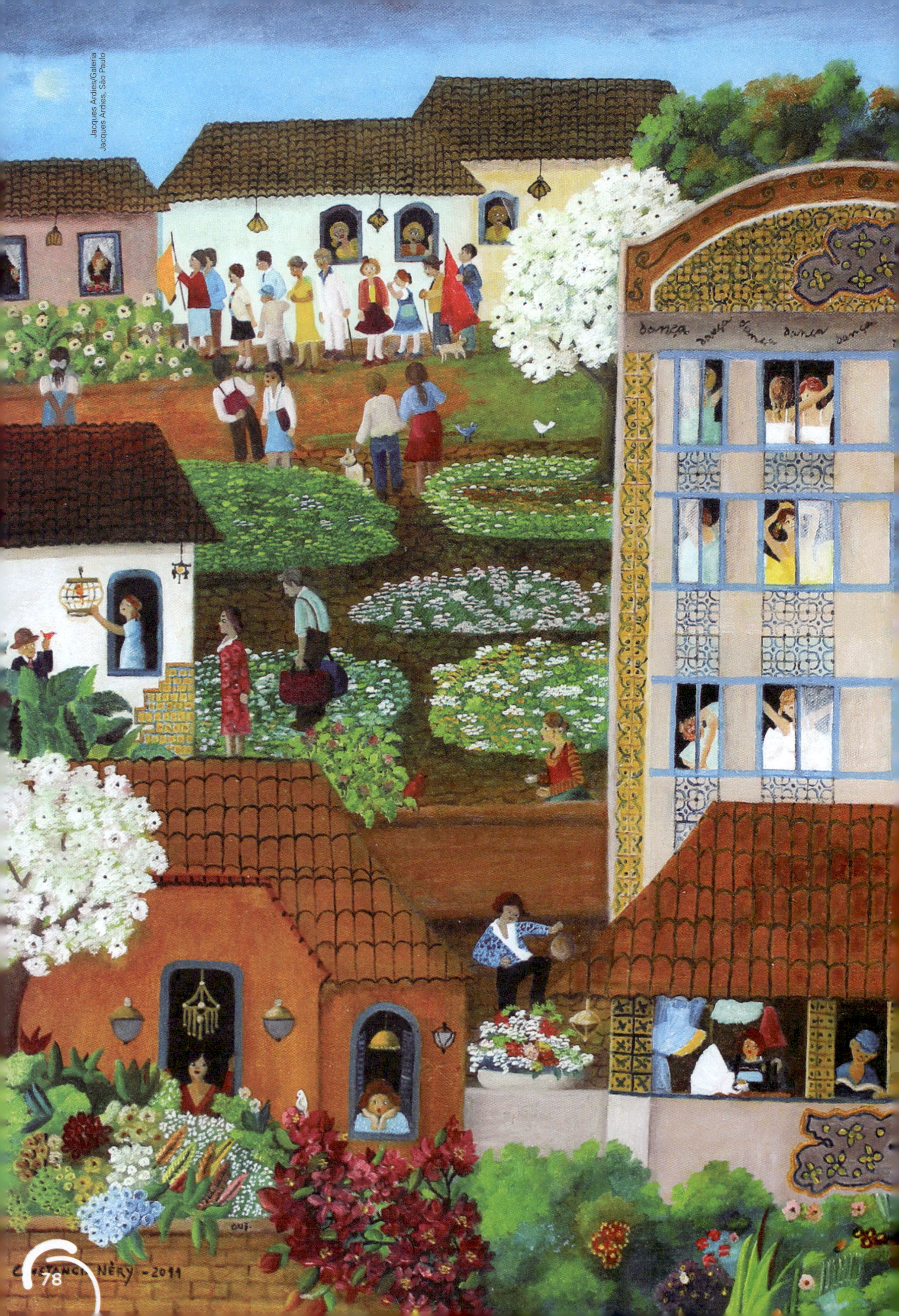

Jacques Ardies/Galeria Jacques Ardies, São Paulo

CAPÍTULO 7

As diferentes moradias

Existem moradias de variados tipos, tamanhos e cores.

As moradias também se diferenciam pela localização, pelos materiais utilizados na construção e pelo modo como os moradores cuidam delas.

Observe a pintura ao lado.

Para começo de conversa

1. Que tipos de moradia foram representados nessa pintura?
2. Que outros tipos de moradia você conhece?
3. No lugar onde você vive, existem moradias como as que aparecem na imagem?
4. Observe as cores que a artista usou. Por que você acha que ela usou essas cores?
5. Qual foi sua primeira reação ao observar essa obra de arte? O que fez você se sentir ou pensar assim?

◀ Constância Nery. *Onde estou*, 2011. Óleo sobre tela.

setenta e nove

As características de uma moradia

As moradias devem ser adequadas às necessidades dos moradores, o que pode influenciar, por exemplo, no tamanho e na organização dos cômodos.

A construção de uma moradia também pode ser influenciada pelas condições naturais do local, pelas técnicas e materiais de construção disponíveis e pela situação econômica das pessoas.

As moradias e a natureza

Os seres humanos se relacionam com a natureza de muitas maneiras. Uma delas é pela extração de materiais, como madeira, areia, argila e metais, para a construção de moradias.

Outra relação entre o ser humano e a natureza ocorre quando a construção de moradias exige adaptações às características físicas do local. Veja o exemplo da casa retratada abaixo.

Ela foi construída sobre estacas que a mantêm elevada em relação ao solo. Essa forma de construção é conhecida como **palafita** e é necessária em áreas alagáveis, para evitar que a água invada a moradia durante as cheias.

◀ Palafitas às margens do rio Amazonas. Santana, Amapá. Foto de 2020.

1. Observe a foto acima e converse com os colegas sobre as questões a seguir.
    a. Qual foi o principal material usado na construção da casa?
    b. Seria possível construir moradias no mesmo nível do solo nesse local? Por quê?

As moradias e a cultura

A cultura de cada comunidade influencia o jeito de construir e organizar as moradias, assim como as atividades realizadas por seus membros.

Para erguer uma edificação, os seres humanos empregam **técnicas de construção**, ou seja, um conjunto de habilidades e conhecimentos necessários para planejar e executar a obra.

Veja alguns exemplos a seguir.

◀ Moradia tradicional dos indígenas Yawalapiti. Para esses povos, as partes da moradia devem corresponder às partes do corpo humano ou do animal: a frente corresponde ao peito; o fundo, às costas; a porta, à boca; e os pilares, às pernas. Gaúcha do Norte, Mato Grosso. Foto de 2016.

Moradia tradicional dos indígenas Xavante na aldeia Babacu. A moradia é coberta com palha e apresenta uma única entrada, voltada ao centro da aldeia. Água Boa, Mato Grosso. Foto de 2018. ▶

◀ Este é outro tipo de moradia dos indígenas Xavante, na aldeia Sangradouro. Nesse caso, as casas são feitas de tijolos, cimento e telhas e apresentam janelas de alumínio – entre outros elementos que, originalmente, não faziam parte das construções indígenas. General Carneiro, Mato Grosso. Foto de 2020.

Existem várias técnicas de construção, e algumas delas são comuns em diferentes partes do mundo.

As fotos abaixo retratam edificações construídas com técnicas trazidas ao Brasil por imigrantes alemães. O tipo de construção que você observa nas fotos é chamado de **enxaimel**. Nessa técnica, um conjunto de peças de madeira encaixadas sustenta as construções.

▲ Blumenau, Santa Catarina. Foto de 2016.

▲ Hannover, Alemanha. Foto de 2016.

2 As edificações retratadas nas fotos **A** e **B** apresentam algumas semelhanças, apesar de se localizarem em países diferentes. Compare as fotos e responda às questões abaixo.

  a. Descreva as semelhanças observadas entre as edificações.

  b. O que tornou possível a existência dessas semelhanças?

  c. Você conhece as técnicas de construção utilizadas em sua casa? Conte aos colegas o que você sabe sobre elas.

  d. Na comunidade onde você vive, é possível observar técnicas de construção que têm origem em outras regiões, como ocorre em Blumenau? Converse com os colegas.

As moradias e as condições econômicas

Os integrantes de algumas comunidades constroem suas moradias com materiais que retiram diretamente da natureza. Mas, atualmente, a maioria das pessoas compra os materiais de construção e paga pelo serviço de profissionais para executar as obras. Há, ainda, as pessoas que optam por adquirir ou por alugar uma casa ou um apartamento já prontos para morar.

Porém, comprar, construir ou mesmo alugar uma moradia digna pode custar um valor que muitas famílias não podem pagar. A alternativa que parte delas encontra é viver em moradias construídas com materiais improvisados. Por outro lado, há pessoas com boas condições econômicas, que podem viver em moradias grandes e luxuosas. Veja estas fotos.

▲ Moradias precárias em Recife, Pernambuco. Foto de 2017.

▲ Prédios de apartamentos em Recife, Pernambuco. Foto de 2017.

3 As fotos **A** e **B** retratam moradias em áreas diferentes de um mesmo município. Observe-as e converse com os colegas.

   a. Comente o significado desta afirmação: As fotos retratam como as condições econômicas das pessoas podem influenciar as características das moradias em que vivem.

   b. Como devem ser as condições de vida das pessoas que vivem em moradias como as da foto **A**? E as da foto **B**?

   c. Agora, pense no lugar onde você vive. Você observa diferenças entre as moradias, como as retratadas nas fotos **A** e **B**? Faça um desenho para ilustrar o que você observa em sua comunidade.

Aprender sempre

1 Observe as fotos e, depois, responda às questões.

A ▲ Iglu, moradia provisória feita de blocos de gelo. Niseko, Japão, 2018.

B ▲ Moradias simples em São Leopoldo, Rio Grande do Sul. Foto de 2016.

C ▲ Casa com telhado em "V" invertido em Zakopane, Polônia. Foto de 2020.

D ▲ Prédios de apartamentos em Campo Grande, Mato Grosso do Sul, 2020.

E ▲ Casa com varanda e janelas amplas, em propriedade rural em Dois Irmãos do Buriti, Mato Grosso do Sul. Foto de 2017.

F ▲ Casas flutuantes em Iranduba, Amazonas. Foto de 2020.

a. Em sua opinião, quais moradias retratadas nas fotos acima foram adaptadas de acordo com as condições naturais do local?

_____

_____

84 oitenta e quatro

b. Conte aos colegas e ao professor quais adaptações você acha que foram feitas nessas moradias e por quê.

c. A casa onde você mora foi adaptada por causa de alguma característica natural? Explique sua resposta, se necessário, com a ajuda de algum adulto que vive com você.

_____
_____
_____

2 Leia o texto a seguir com o professor.

> Entre os grupos indígenas há muitas formas de conceber e construir as casas, pois cada grupo tem um jeito diferente de pensar e de se relacionar com o ambiente onde vive. A casa é sempre parte da cultura de um povo.
>
> A maneira como ela é usada, dividida e construída reflete o jeito que os moradores têm de organizar o mundo. Além disso, as construções variam muito de acordo com o modo de vida, o clima, o tipo de ambiente e os materiais de que os grupos dispõem para a construção.
>
> [...]
>
> Povos Indígenas no Brasil Mirim. Instituto Socioambiental. Casas. Disponível em: https://mirim.org/como-vivem/casas?page=5. Acesso em: 9 mar. 2021.

a. Conte ao professor o que você entendeu do texto.

b. Pinte o quadrinho da frase que está de acordo com o texto.

☐ Todos os povos indígenas constroem moradias da mesma maneira.

☐ Cada povo indígena tem um jeito de se relacionar com o ambiente em que vive.

c. O que significa dizer que "a casa é sempre parte da cultura de um povo"?

3 Em sua opinião, por que ter uma moradia digna é um direito de todas as pessoas?

Saber Ser

Hans von Manteuffel/Pulsar Imagens

CAPÍTULO 8

Transformações e permanências

O modo de vida das pessoas, as edificações que elas constroem e a paisagem dos lugares em que vivem sofrem transformações ao longo do tempo. Algumas transformações são rápidas, outras demoram para acontecer. Por isso, em certos lugares, podemos ver edificações antigas próximas de outras mais recentes.

Para começo de conversa

1. Por que você acha que as construções mostradas na foto permaneceram por mais de duzentos anos com características originais?

2. Você já presenciou ou ouviu falar de alguma transformação ocorrida no lugar em que você vive?

3. Em sua opinião, qual é a importância de preservar construções como essas?

Saber Ser

◂ Construções coloniais, à frente, e igreja do Carmo ao fundo, em Olinda, Pernambuco. Essas construções existem há mais de duzentos anos e ainda preservam algumas características originais. Foto de 2019.

oitenta e sete 87

A transformação das paisagens

Ao ocupar um novo espaço para habitar, produzir os bens que consomem e construir caminhos, os seres humanos alteram as características naturais das paisagens. Assim, para atender ao modo de vida dos grupos sociais, erguem-se construções em diferentes lugares. Neles, as pessoas podem conviver e realizar suas atividades. Nas fotos mostradas abaixo, veja exemplos de paisagens em transformação para a construção de casas.

▲ Área cuja mata foi removida para a abertura de lotes onde serão construídas casas. Presidente Figueiredo, Amazonas. Foto de 2017.

◀ Construção de casas em lotes em Presidente Figueiredo, Amazonas. Foto de 2017.

Para explorar

O menino e o mundo. Direção: Alê Abreu. Brasil, 2014 (85 min).

O filme conta a história de Cuca, um menino que vive em uma vila do interior de um país imaginário. Certo dia, o pai de Cuca migra para a cidade, já que as terras da vila não têm a mesma produtividade de antes. Com essa mudança, Cuca conhece a paisagem urbana e suas desigualdades. O filme trata das transformações das paisagens em diferentes lugares.

1 Analise as fotos acima e converse com os colegas: As paisagens retratadas poderiam passar ainda por quais outras transformações?

Reduzindo os problemas ambientais

A transformação do meio ambiente não acontece apenas quando são construídas novas edificações. A extração de recursos naturais para a fabricação de materiais de construção é uma atividade que também promove modificações na natureza.

Quando a extração de recursos é excessiva, podem ser gerados **problemas ambientais** como desmatamento, redução da população de animais silvestres e contaminação do solo e dos rios.

Mas existem alternativas que contribuem para reduzir a extração de recursos naturais. Uma delas é a transformação de resíduos e objetos, que seriam descartados, em materiais de construção. Observe as fotos abaixo e leia as legendas.

◀ Garrafas plásticas que seriam jogadas no lixo ou mesmo em ruas e rios podem ser usadas na construção de moradias. Essa casa teve suas paredes construídas com garrafas PET (um tipo de plástico). Extrema, Minas Gerais. Foto de 2016.

Os contêineres são grandes ▶ caixas feitas de metal, usadas para transportar mercadorias em navios. Quando não servem mais para isso, em vez de virarem sucata, os contêineres podem ser transformados em residências. Moradia feita de contêineres em Bogor, Indonésia. Foto de 2019.

2 Em sua opinião, as fotos acima retratam alternativas que podem reduzir os impactos ambientais?

Mudanças nos lugares de vivência e nos modos de viver

Com o passar do tempo, os seres humanos continuam transformando os lugares em que vivem. Lotes vazios são ocupados com novas edificações, ruas de terra são asfaltadas e casas antigas são reformadas ou derrubadas para a construção de novas casas ou prédios. Assim, os lugares passam por transformações nos espaços físicos e também na forma como as pessoas os utilizam. Ao mesmo tempo que as características de um lugar vão se transformando, o modo de vida de quem vive nele também muda.

Veja, ao lado, o exemplo de um local em dois momentos diferentes.

▲ Teatro Amazonas, em Manaus, Amazonas. A foto **A** foi obtida em 1909, e a foto **B**, em 2020.

1 Compare a foto **A** com a foto **B** e converse com os colegas.

a. Descreva as transformações pelas quais o lugar retratado passou.

b. Você consegue identificar algum elemento que pode ter permanecido na paisagem ao longo do período compreendido pelas duas fotos? Se a resposta for afirmativa, circule o mesmo elemento nas fotos **A** e **B**.

c. Em sua opinião, quais foram as mudanças no modo de vida das pessoas que habitam o lugar retratado nas fotos?

Mudanças, permanências e memórias

A sucessão de paisagens e de modos de vida que se transformam ao longo do tempo faz parte da história dos lugares. Essa história fica registrada em documentos, em fotografias e, principalmente, na memória das pessoas.

Os moradores mais antigos de determinado lugar, quando compartilham suas lembranças, ajudam os mais jovens a compreender as mudanças e o que ainda permanece.

A realização de festas, por exemplo, é um evento que faz parte da história de alguns lugares. Atualmente, muitas festas continuam sendo organizadas por grupos de moradores vizinhos. Veja o exemplo retratado abaixo.

▲ Festa de São João em Pirapora do Bom Jesus, São Paulo. Foto de 2019.

1. No lugar onde que você vive, os moradores realizam algum evento que faz parte da história desse lugar? Em caso afirmativo, conte à turma o que você sabe sobre ele.

2. Converse com os colegas e com o professor: Por que devemos valorizar a memória e o conhecimento das pessoas mais velhas?

Pessoas e lugares

A vida de mudanças dos Nenets

As pessoas de um mesmo grupo normalmente fazem parte de uma mesma cultura, ou seja, compartilham das mesmas experiências adquiridas na convivência, como o modo de falar, de se vestir e de se comportar.

Na Rússia, o maior país do mundo, em uma área chamada Sibéria, que fica congelada boa parte do ano, vivem os **Nenets**. Esse povo se dedica ao pastoreio de renas.

Os Nenets estão em constante mudança. Curiosamente, essa é uma característica do modo de vida desse povo, mantida há mais de mil anos. Povos como os Nenets, que não têm um lugar fixo para viver, são considerados **nômades**.

De tempos em tempos, os Nenets se deslocam em busca de pastos descongelados que possam alimentar suas renas.

▲ Mulher Nenets se prepara para migrar em busca de nova área para se estabelecer. Yamalo-Nenets, Rússia. Foto de 2019.

Menina Nenets ▶ alimenta rena em Yamalo-Nenets, Rússia. Foto de 2019.

As renas são muito importantes para os Nenets. Da carne desses animais, eles obtêm alimento; da pele, fazem casacos e botas, vestuários muito adequados para suportar o frio do lugar, além da cobertura das moradias, que são cabanas provisórias. Alguns animais são destinados à venda, para que os Nenets consigam dinheiro para ajudar na sobrevivência do grupo.

Os grandes deslocamentos realizados pelos Nenets são feitos em trenós. Neles, as renas puxam as pessoas e carregam as roupas, os materiais para montar as cabanas e todo tipo de bagagem.

▲ A pele de rena é usada em vestimentas e na construção das moradias dos Nenets. Yamalo-Nenets, Rússia. Foto de 2018.

◂ Homem Nenets com seu rebanho de renas em área coberta por gelo. Yamalo-Nenets, Rússia. Foto de 2019.

Converse com os colegas sobre as questões a seguir.

1. Por que os Nenets dormem em moradias provisórias?
2. O que significa dizer que a mudança contínua é um modo de viver que os Nenets mantêm?
3. O que mais chamou sua atenção no modo de vida desse povo? Algum dos costumes deles está presente no lugar onde você vive?

noventa e três 93

Aprender sempre

1 Compare as fotos abaixo. Elas retratam paisagens de um mesmo lugar registradas em dois momentos diferentes.

A

B

▲Mercado Público em Porto Alegre, Rio Grande do Sul. A foto **A** foi obtida em 1951. A foto **B** é de 2019. Elas foram obtidas aproximadamente do mesmo ponto de observação.

a. Que lugar foi retratado nas fotos?

_____

_____

b. Descreva as mudanças que você consegue identificar na paisagem desse lugar.

_____

_____

_____

c. Em sua opinião, o que mudou na vida das pessoas que habitam ou frequentam esse lugar?

_____

_____

_____

2 Em casa, leia em voz alta a um adulto este trecho de uma notícia. Depois, responda às questões.

> Sete mil pneus [usados], três mil garrafas PET e cinco mil latinhas de alumínio formam a estrutura da primeira casa **sustentável** do Brasil. Batizado de "Casa Orgânica", o projeto é fruto de uma viagem do casal Yuri e Vera Sanada, que passou por cerca de 40 países conhecendo as mais diversas alternativas sustentáveis. O imóvel fica localizado na região de Joanópolis, no estado de São Paulo. [...]
>
> Portal Recicla Sampa. Primeira casa sustentável do Brasil é feita com materiais reutilizados. Disponível em: https://www.reciclasampa.com.br/artigo/primeira-casa-sustentavel-do-brasil-e-feita--com-materiais-reutilizados. Acesso em: 17 mar. 2021.

Sustentável: produção que utiliza processos e materiais que não prejudicam o meio ambiente.

◀ Casa orgânica em Joanópolis, São Paulo. Foto de 2019.

a. Conte a um adulto o que você entendeu da notícia.

b. Com que materiais foi construída a estrutura da casa apresentada na notícia?

_____

_____

c. De que maneira construir moradias com materiais que iriam para o lixo contribui para a preservação da natureza?

_____

_____

3 Você aprendeu que as paisagens se transformam com o tempo. Agora, pense na paisagem que você observa quando sai de sua casa. Faça um desenho em uma folha de papel avulsa para demonstrar como você imagina essa paisagem daqui a dez anos.

ESCOLA

PADARIA

MERCADO

CAPÍTULO 9

Para além da moradia

Várias atividades do nosso dia a dia são realizadas na vizinhança ou mesmo em lugares distantes de nossa casa. Nos deslocamentos entre os lugares que frequentamos, podemos observar diferentes paisagens. Observe a imagem ao lado, que mostra parte da vizinhança de Luana, a casa onde ela mora e sua escola.

Para começo de conversa

1. O que Luana vai observar no caminho da casa dela até a escola?

2. Quais são as semelhanças e as diferenças entre o que você observa no trajeto de sua casa até a escola e o que Luana vê no caminho dela até a escola?

3. Em sua opinião, quais cuidados devem ser tomados nos deslocamentos entre os lugares que você frequenta?

Saber Ser

◂ A representação mostra o caminho de Luana até a escola.

Os vizinhos

Nossos vizinhos são as pessoas que moram mais próximas de nossa casa.

Os vizinhos podem morar bem perto uns dos outros, como as pessoas que dividem o andar de um prédio de apartamentos ou que vivem em casas de uma mesma rua. Já em determinadas áreas rurais, há moradores de sítios e fazendas que precisam se deslocar bastante para chegar à casa dos vizinhos.

1 O texto abaixo conta a história de um garoto que mora em um prédio de apartamentos, mas não conhece seus vizinhos. Leia o texto e converse com os colegas sobre as questões a seguir.

[...]
Nesse dia, ele demorou para dormir. Ficou rolando na cama de um lado para outro, pensando em quem seria o vizinho. Rolava de um lado, imaginava um velhinho sozinho assistindo televisão. Rolava de outro, imaginava um grande aventureiro, desses com muitas histórias do mundo, dos mares, expedições e cavernas desconhecidas. [...]

Ulisses Tavares. O vizinho. Em: *Histórias quentes de bichos e gentes*. São Paulo: Geração Editorial, 2003. p. 44-45.

a. Como o garoto imaginava seu vizinho?

b. O garoto do texto tinha de imaginar como seriam os vizinhos por não os conhecer pessoalmente. O que o garoto poderia fazer para conhecer essas pessoas?

c. Em sua opinião, por que existem pessoas que não se conhecem, apesar de viverem tão próximas? O que elas podem perder com isso?

2 Você tem amigos entre seus vizinhos? Caso tenha, conte à turma o que sabe sobre eles.

3 Faça um desenho em uma folha de papel avulsa representando sua casa e a casa dos vizinhos mais próximos.

A vizinhança

Um grupo de vizinhos forma uma **comunidade**. As pessoas, as casas em que elas moram e os lugares onde elas podem se encontrar e conviver compõem uma **vizinhança**.

Cada vizinhança é de um jeito: com muitos ou poucos moradores, com estradas de terra ou pavimentadas, com ruas tranquilas ou avenidas movimentadas ligando os lugares. Podem fazer parte de uma vizinhança praças, áreas verdes, plantações, estabelecimentos comerciais e lugares para reuniões e festas.

Veja os exemplos a seguir.

▲ Mocajuba, Pará. Foto de 2020.

▲ Boituva, São Paulo. Foto de 2020.

▲ Trairi, Ceará. Foto de 2020.

▲ São João del Rei, Minas Gerais. Foto de 2020.

1 Observe novamente as fotos da página anterior. Depois, indique a letra da foto que corresponde a cada descrição.

☐ Os moradores vivem em moradias construídas sobre lojas. Eles convivem com os vizinhos em meio aos fregueses do comércio.

☐ Os moradores podem caminhar pela vizinhança em calçadas largas. Nas ruas, de paralelepípedo, circulam poucos carros.

☐ Os moradores, ao caminhar pelas estradas de terra, desfrutam de uma paisagem com árvores.

☐ Os moradores dividem o espaço com turistas e podem ouvir, de suas casas, o barulho do mar.

2 Leia o relato de cada personagem representada abaixo sobre o que gosta de fazer em sua vizinhança.

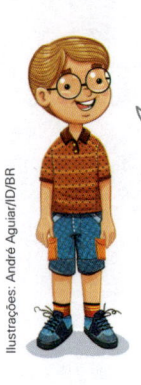

Eu me chamo Pedro e moro em uma rua estreita que ainda não foi asfaltada. Gosto de olhar as pipas que sempre estão no céu e de encontrar meus amigos no campo de futebol.

Eu sou a Luísa e moro em um sítio perto de um lago e de um pomar. Meus melhores amigos moram na margem do lago. Quero conhecer os novos vizinhos que estão morando no caminho para o bosque.

Eu sou o Luciano e moro em um apartamento no topo de um prédio bem alto. Da janela, vejo muitos carros e lojas coloridas. Sempre encontro meus vizinhos no parquinho ou na piscina do prédio.

Eu sou a Joana e moro em uma rua onde todas as casas têm muros baixos. Às vezes, os muros são usados como rede de vôlei. Eu adoro andar de patins com meus amigos na praça da esquina.

- Escolha uma das personagens e faça um desenho, em uma folha de papel avulsa, representando o lugar descrito por ela.

Os migrantes na vizinhança

Os **migrantes** são pessoas que saíram de onde nasceram e passaram a viver em outro lugar. Quando as pessoas se mudam, é comum que mantenham suas tradições culturais. Por isso, é possível identificar alguns elementos tradicionais dos migrantes nas vizinhanças onde eles se estabelecem.

Muitas vezes, esses costumes são celebrados em festas e feiras culturais, que reúnem alimentos, música e artesanato típicos de um lugar. Essas festas são importantes para resgatar as tradições dos migrantes e para integrar as pessoas de diferentes culturas, promovendo o respeito entre elas. Observe as fotos a seguir.

▲ Comemoração do Ano-Novo chinês no município de São Paulo. Foto de 2019.

▲ Festival tradicional de migrantes alemães em Blumenau, Santa Catarina. Foto de 2018.

1. Há migrantes em sua vizinhança? De onde eles vêm?

2. Você já foi a uma festa ou feira tradicional de outras culturas? Se sim, conte aos colegas como foi a experiência.

3. Em sua opinião, por que é importante respeitar as diferentes tradições presentes no lugar onde você vive? Converse com os colegas.

Saber Ser

Para explorar

Henrique Sitchin. *Os vizinhos.* **São Paulo: Panda Books, 2010.**
Uma garotinha não sabe se empresta seu brinquedo para a nova vizinha ou se brinca sozinha. A avó da menina, então, entra em cena para contar a ela uma história interessante e enriquecedora.

As atividades do dia a dia

As pessoas têm rotinas e costumes diferentes. As crianças em idade escolar têm horário certo para ir à escola e momentos para fazer lição de casa e para brincar. Já os adultos geralmente passam boa parte do dia trabalhando.

Alguns adultos trabalham em casa ou em locais na própria vizinhança, e há quem precise percorrer um longo caminho para chegar ao trabalho. Muitas vezes, ao caminhar por determinado lugar, é possível ver moradores e também profissionais que trabalham na vizinhança.

1 Observe o quadro abaixo. Você sabe quais destes profissionais trabalham em sua vizinhança? Circule-os.

cabeleireiro	balconista	professor	jardineiro	engenheiro
artesão	gari	garçom	policial	dentista	carteiro
eletricista	pedreiro	bombeiro	médico	mecânico

2 Analise as duas fotos a seguir. Depois, conte à turma quais profissionais você acha que poderiam trabalhar em cada um dos lugares retratados.

▲ Barueri, São Paulo. Foto de 2020.

▲ Virgínia, Minas Gerais. Foto de 2019.

Quando temos várias atividades ao longo do dia, precisamos organizar nossa rotina, considerando os momentos e os locais em que cada atividade será realizada.

Muitos adultos que trabalham longe de casa, por exemplo, precisam acordar bem cedo, para não se atrasar, e almoçar no próprio trabalho ou em um restaurante próximo. Ao voltar para casa, no final da tarde, há quem ainda tenha de fazer tarefas domésticas.

3 As figuras abaixo ilustram uma cientista que trabalha em um laboratório. Cada figura representa um momento de sua rotina.

A ▲ Acordando para trabalhar.

B ▲ Realizando tarefas do trabalho.

C ▲ Encerrando mais um período de trabalho.

Ilustrações: Ilustranet/ID/BR

a. Agora, você e os colegas devem apontar outras atividades que a personagem poderia fazer entre os momentos **A** e **B**. O professor anotará na lousa. Repitam o procedimento em relação ao intervalo entre os momentos **B** e **C** e os momentos **C** e **A**.

b. Você acha que as atividades registradas na lousa são realizadas de manhã, à tarde ou à noite? Anote no quadro abaixo.

De manhã	À tarde	À noite

c. A rotina de um adulto não pode ser feita apenas de trabalho. Converse com os colegas: Que atividades registradas na lousa não envolvem trabalho?

cento e três **103**

Os caminhos do dia a dia

Todo mundo precisa percorrer caminhos entre a casa em que mora e os outros lugares onde realiza atividades do dia a dia. Alguns caminhos são longos, outros são curtos; alguns passam por estradas arborizadas, outros por ruas ladeadas por prédios.

A foto aérea ao lado retrata a vizinhança de Patrícia. Veja que, entre os quarteirões com árvores e edificações, há ruas que servem de caminho para os moradores das casas e para frequentadores da vizinhança.

Foto aérea do quarteirão onde está localizada a escola Professora Cleia Godoy Fabrini da Silva, em Londrina, Paraná. Foto de 2017.

1 Na foto acima estão localizadas a casa de Patrícia e a escola onde ela estuda. O caminho entre esses locais:

☐ é longo. ☐ é curto. ☐ só pode ser percorrido de carro.

2 Por meio de um mapa, também é possível representar um lugar a partir de uma vista aérea. Abaixo temos uma **planta**, um tipo de mapa que representa com detalhes o lugar. Nessa planta, é fácil visualizar as ruas da vizinhança de Patrícia.

Londrina, Paraná: entorno da escola Professora Cleia Godoy Fabrini da Silva

- Trace, na planta, um caminho que Patrícia poderia fazer entre a casa dela (ponto **A**) e o terreno onde costuma brincar com os amigos (ponto **B**).

Fonte de pesquisa: Google Maps. Disponível em: https://www.google.com.br/maps. Acesso em: 18 mar. 2021.

Representações

Mapas mentais

Quanto mais frequentamos um lugar ou quanto mais tempo vivemos nele, mais o conhecemos. Aprendemos a reconhecer os detalhes desse lugar e formamos uma memória de sua paisagem.

Quando usamos a memória para desenhar um lugar que conhecemos, elaboramos um **mapa mental**. Esse tipo de representação é muito usado para indicar a alguém um caminho que conhecemos bem.

Veja o exemplo abaixo: uma estudante representou, por meio de um mapa mental, o caminho que ela faz da casa dela até a escola.

1. Agora é sua vez de fazer um mapa mental. Em uma folha de papel avulsa, desenhe o caminho que você faz para ir de sua casa até a escola. Tente representar o máximo de elementos que lembrar, como o traçado das ruas, os tipos de construção e outros elementos existentes (árvores, semáforos, rio).

Vamos ler imagens!

Elementos visíveis e não visíveis nas fotografias

Nas fotografias, podemos ver retratados elementos como prédios, casas, matas, porteiras, lagos, pessoas e animais. Esses são os **elementos visíveis** da imagem. Ao visualizar esses elementos na fotografia, podemos usar a imaginação ou a memória para associá-los a sons e cheiros, por exemplo. Por meio de uma fotografia podemos também fazer suposições sobre o modo de vida de quem mora no lugar retratado.

Observe na foto abaixo alguns elementos visíveis identificados.

A — prédio de apartamentos / árvore / loja de comércio / ônibus / pessoas / avenida

Bruno Pereira da Silva/Shutterstock.com/ID/BR

◀ Avenida Borges de Medeiros, em Porto Alegre, Rio Grande do Sul, 2019.

Além dos elementos visíveis, podemos ainda supor informações que não vemos na imagem:
- o grande número de pessoas que trabalha ou vive nos prédios;
- os diversos sons – de motores e buzinas de veículos ou de pessoas conversando, por exemplo;
- os cheiros – como o de fumaça do escapamento dos veículos;
- o uso do transporte coletivo para o deslocamento das pessoas;

- a importância da energia elétrica para a vida urbana – o que se imagina pelos postes, pelas fiações e pelos sinais de trânsito;
- a existência de pessoas que trabalham nas lojas e em outros estabelecimentos comerciais locais, e de pessoas que prestam serviços necessários para atender à vizinhança: professores, taxistas, médicos, dentistas e guardas de trânsito.

Agora é a sua vez

1. Observe a foto abaixo e, depois, responda às questões.

▲ Moradias no campo em Vírgínia, Minas Gerais. Foto de 2019.

a. Como é o lugar retratado na foto?

b. O que há ao redor das moradias?

c. Como é a via de circulação do lugar?

d. As pessoas que vivem nesse lugar possivelmente ouvem quais sons?

e. E quais cheiros as pessoas devem sentir?

f. Como você imagina ser a rotina das pessoas que vivem em um lugar como esse?

2. Agora, pense no lugar onde você vive. Ele é mais parecido com o lugar retratado na foto **A** ou com o lugar retratado na foto **B**? Por quê? Converse com os colegas.

cento e sete 107

Aprender sempre

1 Marque com um **X** o que caracteriza as proximidades de sua casa.

☐ Muitas moradias.

☐ Muitos estabelecimentos comerciais.

☐ Muitas indústrias.

☐ Poucas moradias, estabelecimentos comerciais e indústrias.

☐ Poucas moradias e bastante vegetação, rios e matas.

2 Leia a seguir um trecho do poema "Palavras mágicas", de Pedro Bandeira. Depois, responda às questões a seguir e converse com os colegas sobre elas.

Saber Ser

[...]
Use sempre essas palavras,
delas nunca tenha medo,
pois eu quero ajudar,
vou contar o meu segredo:

Diga sempre a sorrir,
pra não ser mal-educado:
com licença, me desculpe,
por favor e obrigado!
[...]

Pedro Bandeira. Palavras mágicas. Em: *Obrigado, mamãe!*: o livro do amor pela mulher mais importante do mundo. São Paulo: Moderna, 2002. p. 25 (Coleção Girassol).

a. Quais são as "palavras mágicas" mencionadas no texto?

b. No dia a dia, ao se relacionar com seus vizinhos e com outras pessoas, você costuma usar as "palavras mágicas" mencionadas no texto? Por quê?

c. Que outras "palavras mágicas" você considera adequadas para utilizar na convivência com as pessoas?

d. É importante ter uma boa convivência com os vizinhos? Por quê?

3 Com a ajuda do professor, leia o texto abaixo e conheça a rotina de Marcos. Depois, observe a imagem e responda às questões.

> Marcos tem uma rotina com várias atividades. De segunda a sexta-feira, ele passa as manhãs na escola, que fica na mesma avenida da casa onde mora. Nas tardes de terça-feira e quinta-feira, Marcos joga futebol com os amigos no parque, que fica no mesmo quarteirão de sua casa. Nas tardes de quarta-feira e sexta-feira, ele vai à biblioteca ao lado da escola ler seus livros prediletos. Aos sábados, Marcos costuma visitar seu amigo, que mora na rua dos Lírios, próximo à avenida das Bromélias. Já os domingos são reservados para o almoço na casa dos avós, que moram ao lado do supermercado.
>
> Texto para fins didáticos.

a. Escreva o nome da avenida onde Marcos mora.

_____

b. Trace, na representação, um caminho entre a casa de Marcos e a casa dos avós dele.

c. Como é casa onde mora o amigo que Marcos costuma visitar aos sábados? Qual é a cor das paredes da casa do amigo de Marcos?

_____

Ilustração: Paula Kranz/ID/BR; fotografias: Shutterstock.com, iStockphoto.com

110

CAPÍTULO 10

A escola

A escola é um dos espaços de vivência mais importantes para o desenvolvimento de uma pessoa.

Na escola, as crianças podem usar o que já sabem para explorar conhecimentos novos e desenvolver habilidades. Também podem aprender a conviver com pessoas e ideias diferentes, fazer amigos e pensar em maneiras para melhorar o mundo.

Para começo de conversa

1. Como você acha que está sendo a aula mostrada na imagem ao lado? Em sua escola acontecem aulas assim também?

2. O que você mais gosta e o que menos gosta em sua escola? O que pode ser feito para tornar sua escola melhor?

3. Em sua opinião, qual é a importância da escola para seu desenvolvimento como ser humano?

Saber Ser

◀ Professora e crianças sentadas em roda durante a aula.

O direito à educação

É lei: toda criança e todo adolescente têm **direito à educação**, ou seja, têm direito a aprender, a conhecer e a desenvolver habilidades, capacidades e aptidões.

A responsabilidade de educar as crianças e os adolescentes é dos adultos da família e também dos governantes, que devem oferecer escolas públicas, gratuitas e com ensino de qualidade. Assim, é dever dos governantes construir escolas, contratar professores e outros funcionários e garantir vaga a todas as crianças e a todos os adolescentes. Os familiares, por sua vez, têm o dever de matricular os filhos na escola e garantir que possam frequentá-la.

Observe, abaixo, a foto de uma escola pública.

▲ Escola Estadual Bueno Brandão, em Ouro Fino, Minas Gerais. Foto de 2016.

Atualmente, quase todas as crianças brasileiras frequentam a escola, mas uma parcela delas ainda não tem acesso à educação. Agora, converse com os colegas e o professor sobre as questões a seguir.

1. Em sua opinião, quais prejuízos uma criança pode ter por não frequentar a escola?

2. Além de direitos, as crianças e os adolescentes têm deveres a cumprir. Quais deveres você tem de cumprir na escola onde estuda?

As atividades e a convivência na escola

Durante o período em que fica na escola, você convive com os colegas e, com eles, realiza diversas atividades. Juntos vocês estudam, brincam, praticam esportes, se alimentam, conversam, fazem amizades, entre outras atividades.

As pessoas com as quais você convive na escola são muito diferentes entre si: cada uma tem seu modo de pensar e de agir. Por isso, para haver harmonia entre essas pessoas e para que as atividades da rotina escolar ocorram de modo organizado, é necessário que todos participem e colaborem, cumprindo com os combinados e as regras.

Além de respeitar as regras, é fundamental entender a importância do respeito, da gentileza com as pessoas e do cuidado com os espaços de uso coletivo.

1 Forme dupla com um colega. Juntos, observem a ilustração abaixo e, depois, conversem sobre as questões a seguir.

> Crianças, hoje cada grupo vai elaborar um gibi sobre a nossa escola.

a. Quais atividades os estudantes dessa turma estão fazendo?

b. Vocês fazem esse tipo de atividade na escola onde estudam? Gostam desse tipo de atividade? Por quê?

c. Na imagem, há um estudante entrando na sala de aula durante a atividade. Na escola em que você estuda, isso pode acontecer? Quais são as regras sobre o horário de entrar em sala de aula?

Diferentes tipos de escola

Não importa onde moram, todas as crianças e adolescentes em idade escolar têm o direito de frequentar a escola. Por isso, é importante haver escolas nos mais diferentes lugares: em cidades grandes e pequenas, em bairros ricos e pobres, em aldeias indígenas, em comunidades quilombolas, em assentamentos rurais, etc.

Em cada lugar, as escolas são construídas de uma forma e com determinado tamanho. Elas podem ser construídas com materiais variados, como tijolo, areia, cimento, argila, madeira, pedra, palha, entre outros. Veja alguns exemplos.

▲ Escola em aldeia do grupo indígena Waujá, em Gaúcha do Norte, Mato Grosso. Foto de 2019.

▲ Escola flutuante em comunidade ribeirinha em Iranduba, Amazonas. Foto de 2020.

▲ Escola rural em Xapuri, Acre. Foto de 2015.

▲ Escola em um bairro de Nísia Floresta, Rio Grande do Norte. Foto de 2019.

1 Alguma das escolas retratadas nas fotos é parecida com a escola onde você estuda? Em caso afirmativo, qual delas?

Os conhecimentos de Língua Portuguesa, Matemática, História, Geografia, Ciências, Arte e Educação Física são comuns em diferentes escolas. Além desses conhecimentos, as escolas podem oferecer aos estudantes a oportunidade de aprender sobre as influências culturais e sobre a história de sua comunidade.

A foto abaixo, por exemplo, mostra uma apresentação teatral em uma escola quilombola. A atividade permite explorar conhecimentos e elementos culturais de origem africana. Observe a foto e, depois, converse com os colegas sobre as questões a seguir.

◀ Apresentação teatral em escola na comunidade quilombola Mata Cavalo, em Nossa Senhora do Livramento, Mato Grosso. Foto de 2020.

2 Na escola onde você estuda, são ensinados conhecimentos da comunidade em que você vive? Em caso afirmativo, quais?

3 Observe novamente os exemplos de escola retratados nas fotos da página 114.

a. Quais diferenças você identifica entre as escolas?

b. Que outros tipos de escola você conhece? Como essas escolas são? Faça um desenho em uma folha de papel avulsa representando uma dessas escolas. Se preferir, imagine uma escola e faça o desenho dela.

Para explorar

Marciano Vasques. *A menina que esquecia de levar a fala para a escola*. São Paulo: Noovha América, 2018.
Escola é lugar de aprender, trocar ideias, fazer amigos. Mas o que fazer se a timidez impedir tudo isso? Descubra lendo esse livro!

Escola amiga da natureza

Não importa o tipo da escola. Todas elas devem ensinar valores e conhecimentos essenciais à formação de seres humanos capazes de construir um mundo melhor.

Um dos aprendizados mais importantes que podemos receber na escola é a **educação ambiental**, que ensina meios para cuidar bem dos lugares onde vivemos.

A educação ambiental apresenta alternativas para atender às necessidades humanas no presente, reduzindo os problemas que afetam a natureza e que podem prejudicar as condições de vida da população atual e do futuro.

Com a ajuda do professor, leia em voz alta o texto abaixo e conheça o exemplo do Colégio Estadual Olinda Truffa de Carvalho, em Cascavel, Paraná. Nessa escola, os estudantes colocam em prática aprendizados de educação ambiental.

[...]

Estudantes e professores desenvolveram um sistema de captação de água da chuva, por meio de uma cisterna, e um sistema de calhas, para irrigação da horta da escola e também para limpeza das calçadas e ginásio de esporte.

"Iniciativas como essa são fundamentais para promover a conscientização dos alunos, além de servir de incentivo e exemplo à comunidade escolar. Ações simples como não desperdiçar água, cultivar áreas verdes, preferir produtos recicláveis podem fazer a diferença. A mudança de atitudes em relação ao planeta começa em cada um de nós", lembrou a diretora Sandra Bolzon.

▲ Cisterna utilizada na captação de água das chuvas no Colégio Estadual Olinda Truffa de Carvalho, em Cascavel, Paraná. Foto de 2014.

Reciclável: que pode ser transformado em um novo objeto.

Escolas estaduais dão lição de sustentabilidade. *Agência de Notícias do Paraná*, 10 abr. 2017. Disponível em: http://www.aen.pr.gov.br/modules/noticias/article.php?storyid=93436&tit=%20Escolas-estaduais-dao-licao-de-sustentabilidade. Acesso em: 16 mar. 2021.

1 O texto da página anterior aponta quais ações para cuidar da natureza?

_____

_____

2 Na escola onde você estuda, são praticadas algumas dessas ações? Em caso afirmativo, dê exemplos.

_____

_____

3 Em sua opinião, qual é a importância de aproveitar a água da chuva para irrigar hortas ou limpar calçadas, por exemplo? Converse com os colegas.

4 Os materiais escolares, como o lápis e o caderno, são feitos da madeira, que é retirada da natureza. Analise a sequência de ilustrações abaixo. Depois, converse com os colegas e o professor sobre a questão a seguir.

- O que você compreendeu das ilustrações? Em sua opinião, como é possível usar os materiais escolares de uma maneira que evite o corte excessivo de árvores?

Para explorar

MultiRio, a mídia educativa da cidade.
Disponível em: http://www.multirio.rj.gov.br/index.php/assista/tv/3582-educacao-ambiental-essencial. Acesso em: 16 mar. 2021.

No vídeo, o professor Lúcio Teixeira mostra os resultados alcançados na escola Francisco Cavalcante Pontes de Miranda, no município do Rio de Janeiro, depois de trabalhar com os estudantes noções de reciclagem, economia de energia e reaproveitamento de água da chuva.

cento e dezessete 117

Pessoas e lugares

A escola flutuante

Você imagina como deve ser difícil ir à escola em lugares onde chove muito e a água provoca grandes inundações? O simples ato de ir à escola pode exigir muito esforço, e soluções precisam ser encontradas para resolver o problema.

▲ A escola flutuante de Makoko, em Lagos, Nigéria. Foto de 2014.

Isso aconteceu em Lagos, a cidade mais populosa da Nigéria, um país africano. A comunidade de Makoko está localizada às margens de uma lagoa e sofre constantes inundações nos meses chuvosos. Por causa das inundações, as crianças têm muita dificuldade para frequentar a escola, que fica alagada. Para resolver o problema, um arquiteto construiu uma **escola flutuante**.

A escola foi construída sobre uma estrutura feita com trezentos tambores de plástico. Na foto acima, é possível observar os tambores que servem de estrutura. A escola é adequada à realidade do lugar, ou seja, se o nível das águas subir ou descer, ela acompanha esse movimento. Assim, a rotina escolar dos estudantes não é afetada.

Grande parte ▶ das casas da comunidade de Makoko é construída sobre palafitas às margens da lagoa. A escola flutuante, com seu telhado azul, destaca-se na paisagem. Lagos, Nigéria, 2014.

A escola flutuante funcionou por três anos. Ela permitiu que as crianças da comunidade carente de Makoko pudessem continuar estudando, mesmo afetadas por condições naturais e sociais difíceis.

Em junho de 2016, após chuvas intensas, a construção feita de madeira desabou. O projeto da escola flutuante ajuda a entender a importância da relação entre nós, seres humanos, e a natureza.

▲ Estudantes utilizam canoas para chegar à escola flutuante, em Makoko. Lagos, Nigéria, 2016.

Agora, converse com os colegas sobre as questões a seguir.

1. Quais são as condições naturais do lugar em que se encontra a comunidade de Makoko?

2. Qual foi a solução encontrada para que as crianças de Makoko pudessem frequentar a escola durante o ano todo?

3. O que mais chamou sua atenção nessa escola flutuante? Por quê?

4. Pense na escola onde você estuda. Nela foram usadas técnicas que se adaptam às condições naturais do lugar ou que aproveitam essas condições? Em caso afirmativo, quais?

Aprender sempre

1. Destaque a base da representação de uma escola vista de cima e os símbolos na página 155. Siga as orientações abaixo para colar cada um dos símbolos nos espaços corretos da representação.

Orientações

a. A diretoria e a secretaria ficam em frente ao pátio. A secretaria está mais perto da entrada principal.

b. O bloco de salas de aula está entre o portão 2 e os banheiros.

c. A quadra de esportes está entre o estacionamento e a entrada principal.

d. Os banheiros se localizam ao lado da diretoria e do bloco de salas de aula.

e. O vestiário está à esquerda de quem entra pelo portão 2.

f. A cantina fica ao lado do estacionamento, ao final do caminho da entrada principal.

g. A biblioteca está localizada entre a cantina e o vestiário.

2. Quais são as principais regras que você precisa seguir na escola em que estuda? Converse sobre a importância delas com os colegas e o professor.

3. Você já passou por alguma situação na escola em que precisou da gentileza de outra pessoa? E você já se dispôs a ajudar alguém com algum problema? Converse com os colegas e o professor.

4 Leia a tira a seguir e responda às questões.

Quadrinho 1: — E aí, o que que é pra gente fazer? — Era pra nós estarmos pesquisando o planeta Mercúrio.

Quadrinho 2: — E o que nós descobrimos? — Nada! Eu não vou fazer tudo sozinha!

Quadrinho 3: — Ainda bem, senão você ia estragar tudo. Vamos começar. — É, vamos!

Quadrinho 4: — Eu gerencio e você trabalha. Primeiro pegue alguns livros. — Alguém quer trocar de grupo?

Tira de Calvin & Hobbes.

a. Marque com um **X** a alternativa correta.

☐ As personagens estão brincando.

☐ As personagens estão na biblioteca da escola.

b. Qual atividade as personagens precisam fazer?

_____

_____

c. Por que, no último quadrinho, a menina parece estar zangada?

_____

_____

d. Você acha correta a atitude do menino? Explique sua resposta.

_____

_____

_____

5 Com os colegas e o professor, faça uma lista de:

a. ações praticadas em sua escola para cuidar da natureza;

b. ações que deveriam ser adotadas em sua escola a fim de contribuir para a preservação do meio ambiente. Escreva as respostas no caderno.

João Salomão/ID/BR

CAPÍTULO 11

Conectando os lugares

Você já aprendeu que as pessoas percorrem caminhos ao longo do dia. Agora, você vai ver que, nesses deslocamentos, as pessoas transportam produtos, informações e ideias. Isso permite a conexão entre os diferentes lugares. Outro modo de integrar locais distantes e as pessoas que vivem neles é pelos meios de comunicação.

Para começo de conversa

1. Observe a ilustração ao lado e descreva-a.

2. Quais meios de transporte são representados na ilustração? Quais deles existem no lugar onde você vive?

3. Quais meios de transporte você utiliza no dia a dia?

4. Em sua opinião, quais cuidados as pessoas devem ter ao utilizar diferentes meios de transporte?

Saber Ser

◀ Ilustração de parte de uma cidade.

As vias de circulação

As ruas e as calçadas são **vias de circulação**, que servem de caminho para que as pessoas circulem entre os lugares. Por essas vias também são transportadas mercadorias, em vários tipos de veículo.

As calçadas são vias de circulação de pedestres. As ruas, as avenidas e as rodovias são as vias por onde circulam carros, ônibus, caminhões e motocicletas, por exemplo. Observe a ilustração abaixo.

1. Descreva as maneiras como as pessoas se deslocam na ilustração acima e indique as vias de circulação que elas estão usando. Converse com os colegas.

2. Circule na ilustração as situações em que ocorre o transporte de mercadorias.

3. Há lugares muito diferentes do que foi ilustrado acima. Indique exemplos de veículos que poderiam ser utilizados em lugares como os descritos a seguir.

   a. Lugar formado por mata fechada cortada por rios.

   b. Lugar com propriedades rurais ligadas por estradas de terra.

Os meios de transporte

Para conectar os lugares, possibilitando a circulação de pessoas e de mercadorias, é necessária a construção de meios de transporte. Os **meios de transportes** são formados por diferentes tipos de veículos e vias de circulação.

Meios de transporte terrestres

Os meios de transporte terrestres reúnem vias de circulação como rodovias, avenidas e ruas, por onde circulam veículos como motocicletas, carros, caminhões e ônibus. As ferrovias também constituem meios de transporte terrestres e por elas circulam os trens.

▲ Trem de carga circulando por uma ferrovia em Aimorés, Minas Gerais, 2019.

▲ Embarque de passageiros em ônibus em Salvador, Bahia, 2020.

Meios de transporte aquáticos

Entre os meios de transporte aquáticos estão canoas, barcos, balsas, navios e outros tipos de embarcação, que navegam pelas águas de rios, lagos, mares ou oceanos.

▲ Navio de carga no porto de Navegantes, Santa Catarina, 2020.

▲ Barco de passageiros nas proximidades de Manaus, Amazonas, 2019.

Meios de transporte aéreos

Os meios de transporte aéreos são formados por veículos que trafegam pelo ar, como aviões, helicópteros e balões.

▲ Avião de passageiros no aeroporto de Recife, Pernambuco. Foto de 2019.

▲ Helicóptero utilizado no transporte de pessoas e cargas, em Caracaraí, Roraima. Foto de 2016.

1 Observe novamente os veículos retratados nas fotos desta página e da página anterior. Depois, converse com os colegas e o professor sobre as questões a seguir.

   a. Quais desses veículos você já viu perto de onde mora?

   b. Com quais deles você já circulou?

   c. Que outros veículos você conhece?

2 Compare os três meios de transporte abaixo. Depois, ligue as colunas.

Veículo que voa.		Aquático
Veículo que circula sobre trilhos.		Aéreo
Veículo que circula em rios.		Terrestre

Cuidados com os meios de transporte

Os meios de transporte são muito importantes para as pessoas. Porém, o modo como usamos esses meios de transporte pode gerar problemas.

Um desses problemas é o lançamento de gases poluentes pelo uso de veículos motorizados. Essa é uma questão grave e muito presente nas grandes cidades, onde há excesso de veículos. Fazer pequenos deslocamentos a pé e utilizar a bicicleta como meio de transporte são ações que contribuem para reduzir o lançamento desses gases.

▲ Muitos automóveis lançam gases poluentes no ar. São José dos Campos, São Paulo, 2020.

Outro problema que pode ser provocado pelo uso dos meios de transporte é a insegurança no trânsito. Pedestres, ciclistas, motociclistas e motoristas de automóveis podem se envolver em acidentes quando se deslocam com desatenção ou desrespeitam as regras de trânsito. Veja alguns cuidados para evitar acidentes de trânsito.

▲ Atravesse as ruas sempre na faixa de pedestres e quando o sinal estiver verde para as pessoas e vermelho para os veículos.

▲ Ande sempre nas calçadas, nunca nas ruas.

▲ Sempre que houver passarela, use-a para atravessar avenidas ou rodovias.

▲ Use sempre o cinto de segurança nos bancos da frente e de trás. Crianças também devem utilizar os assentos próprios para cada idade.

Os meios de comunicação

Os **meios de comunicação** possibilitam que uma pessoa transmita informações para lugares distantes ou receba informações desses lugares sem precisar se deslocar até eles.

São exemplos de meios de comunicação as cartas, os jornais e as revistas, o telefone, o rádio, a televisão e a internet.

Atualmente, por meio da televisão, do telefone e da internet, podemos, por exemplo, receber notícias sobre um fato logo após ele ocorrer.

◀ Podemos receber pela televisão notícias de qualquer lugar do mundo no mesmo instante em que os fatos ocorrem.

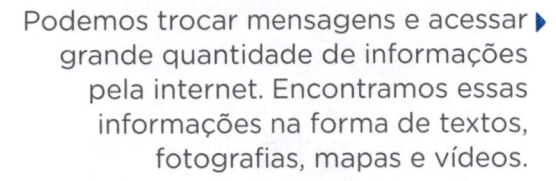

Podemos trocar mensagens e acessar ▶ grande quantidade de informações pela internet. Encontramos essas informações na forma de textos, fotografias, mapas e vídeos.

1 Faça uma lista dos meios de comunicação que você conhece.

_____

_____

- Quais desses meios de comunicação você utiliza mais em seu dia a dia? Qual tipo de uso você faz deles? Converse com os colegas.

2 Há pessoas que preferem conversar com amigos e familiares por telefone ou pela internet a encontrá-los pessoalmente. Em sua opinião, a comunicação a distância pode enfraquecer a amizade entre as pessoas? Converse com os colegas e o professor.

Os cuidados ao utilizar a internet

A internet facilita a vida das pessoas de várias maneiras. Muitas atividades podem ser realizadas sem sair de casa, como realizar pesquisas escolares e compartilhar fotos. Mas, ao utilizar a internet, alguns cuidados são necessários para evitar problemas.

Crianças devem utilizar a internet acompanhadas pelos pais ou adultos responsáveis. Veja algumas dicas para você navegar com segurança pela internet.

Cuidado ao publicar fotos em redes sociais

A Rose não publica suas fotos. Não dá para saber o que ela está fazendo nas férias!!

▲ Não publique fotos que exponham sua intimidade ou a intimidade de sua família.

Cuidado ao baixar jogos

Esse jogo que baixei da internet é muito legal!

▲ Evite baixar jogos em *sites* que você não conhece. Porém, ao baixá-los, faça isso acompanhado por um adulto.

Desligue seu computador

▶ Desligue o computador quando não for mais utilizá-lo. Antes disso, salve e feche arquivos e documentos.

Para explorar

Internet Segura. Disponível em: https://internetsegura.br/pdf/guia-internet-segura.pdf. Acesso em: 17 mar. 2021.

Nesse *link*, você vai ter acesso a uma cartilha com informações de como navegar na rede de modo mais seguro.

3 Você usa a internet? Em caso afirmativo, que cuidados toma ao usá-la? Conte à turma.

Vamos ler imagens!

Sinalização de trânsito

Você já pensou como seria se carros, bicicletas, motos, caminhões e ônibus circulassem sem obedecer a nenhuma regra?

Seria uma grande confusão! Provavelmente, muitos acidentes aconteceriam. É por isso que existe a **sinalização de trânsito**, um conjunto de sinais que informam as regras de circulação de veículos e de pedestres. Lembre-se: todos que estão no trânsito devem seguir as regras de sinalização.

A sinalização pode ser feita por meio de placas. Observe os exemplos a seguir.

Regulamentação: placas com fundo branco e bordas na cor vermelha. Indicam normas a serem seguidas.

Proibido estacionar — Proibido ultrapassar — Circulação exclusiva de bicicletas — Velocidade máxima permitida

▲ A barra diagonal indica as ações que são proibidas. Sem a barra diagonal, a placa indica ações obrigatórias ou permitidas no local.

Advertência: placas na cor amarela que chamam a atenção para condições que podem apresentar perigo às pessoas.

Área escolar — Curva à direita — Rua sem saída

▲ As placas amarelas são de alerta e de recomendação.

Educativas: placas que têm a função de educar o comportamento das pessoas no trânsito.

◀ Placa educativa na rodovia BR-285, em São José dos Ausentes, Rio Grande do Sul, 2017.

A sinalização de trânsito inclui ainda sinais luminosos, faixas e outras figuras inscritas no solo.

Evite iniciar a travessia da rua quando o sinal luminoso estiver piscando no vermelho. Atravesse sempre na faixa de pedestres.

Verde: atravesse!

Vermelho: aguarde!

Sinalização no asfalto indicando ciclovia.

Agora é a sua vez

1 Observe a imagem e, depois, converse com os colegas sobre as questões a seguir.

a. Que tipos de sinalização de trânsito estão representados na ilustração? Explique o significado daqueles que você conhece.

b. Nessa ilustração, os motoristas e os pedestres estão respeitando os sinais de trânsito? Justifique sua resposta.

2 Destaque as peças da página 153 e o tabuleiro das páginas 157 e 159 para jogar com um colega a **trilha do trânsito**. Siga as orientações do professor e bom jogo!

Aprender sempre

1 Em casa, leia a um adulto o texto a seguir. Depois, faça o que se pede.

> Na internet você pode fazer muitas coisas legais: pesquisar para a lição de casa, conversar com amigos, jogar *on-line*, ler livros, ouvir músicas e assistir a vídeos e filmes [...]. E com tantas atividades para fazer na internet, é importante que você tome alguns cuidados, para conseguir aproveitá-la ao máximo. Seus pais provavelmente já ensinaram que você não deve conversar com estranhos e que precisa olhar para os dois lados antes de atravessar a rua. Na internet é a mesma coisa, você precisa se cuidar, pois nem todos que você encontra são do bem e nem tudo que se apresenta é verdade.
>
> Cartilha Internet Segura. Disponível em: https://internetsegura.br/pdf/guia-internet-segura.pdf. Acesso em: 17 mar. 2021.

a. O texto afirma que você pode fazer muitas coisas legais na internet. Escreva que coisas são essas.

_____

_____

b. Quais são as recomendações feitas no texto para o uso seguro da internet? Converse com um adulto.

c. Com suas palavras, conte a esse adulto o que você entendeu do texto.

2 O modo como usamos os meios de transporte e de comunicação podem oferecer problemas. Identifique os **problemas** que podem estar relacionados a cada situação abaixo. Depois, proponha **soluções** para eles. Escreva suas respostas no caderno.

- **Situação 1**: No quarteirão onde João mora há uma padaria. Todos os dias, o pai de João vai à padaria de carro para comprar pão.
- **Situação 2**: Lúcia tem 8 anos. Ela ganhou um celular e usa muito a internet para acessar redes sociais sem a supervisão de um adulto.

3 Sob a orientação do professor, você e os colegas participarão de uma atividade de campo. A atividade ocorrerá em data agendada pelo professor e o objetivo dela será reconhecer as vias de circulação nas proximidades da escola.

Antes da saída

a. Compartilhe com o professor o que já conhece sobre o entorno da escola. Com o auxílio dele, escreva um roteiro de estudo definindo um trajeto a seguir, como percorrê-lo e o que observar. A seguir, há sugestões de tarefas a fazer para o reconhecimento das vias de circulação:

- Identificar as características das vias de circulação que servem de caminho para as pessoas que vivem ou trabalham nas proximidades da escola ou que passam por esses lugares.
- Conhecer o nome dessas vias de circulação.
- Observar os elementos presentes no entorno da escola.
- Verificar se nessas vias o trânsito é movimentado ou não e quais são os veículos que circulam por elas.
- Identificar os lugares conectados por essas vias de circulação.

b. Organize os materiais que serão utilizados durante a atividade: caderno para anotações, lápis, borracha e, se for o caso, aparelhos para fotografar e filmar.

Durante a saída

c. Seguindo sempre as orientações do professor, percorra com os colegas o trajeto e faça as observações indicadas no roteiro. Registre as informações levantadas com anotações, desenhos e outras formas de registro.

No retorno

d. Em sala de aula, em uma folha de papel avulsa, faça um desenho para representar as vias de circulação observadas e os elementos no entorno delas. Se for o caso, insira a sinalização de trânsito existente no lugar. Depois, o professor vai organizar uma roda de conversa em que você e os colegas poderão analisar juntos as observações feitas em campo. Os desenhos podem ser usados para auxiliar a análise.

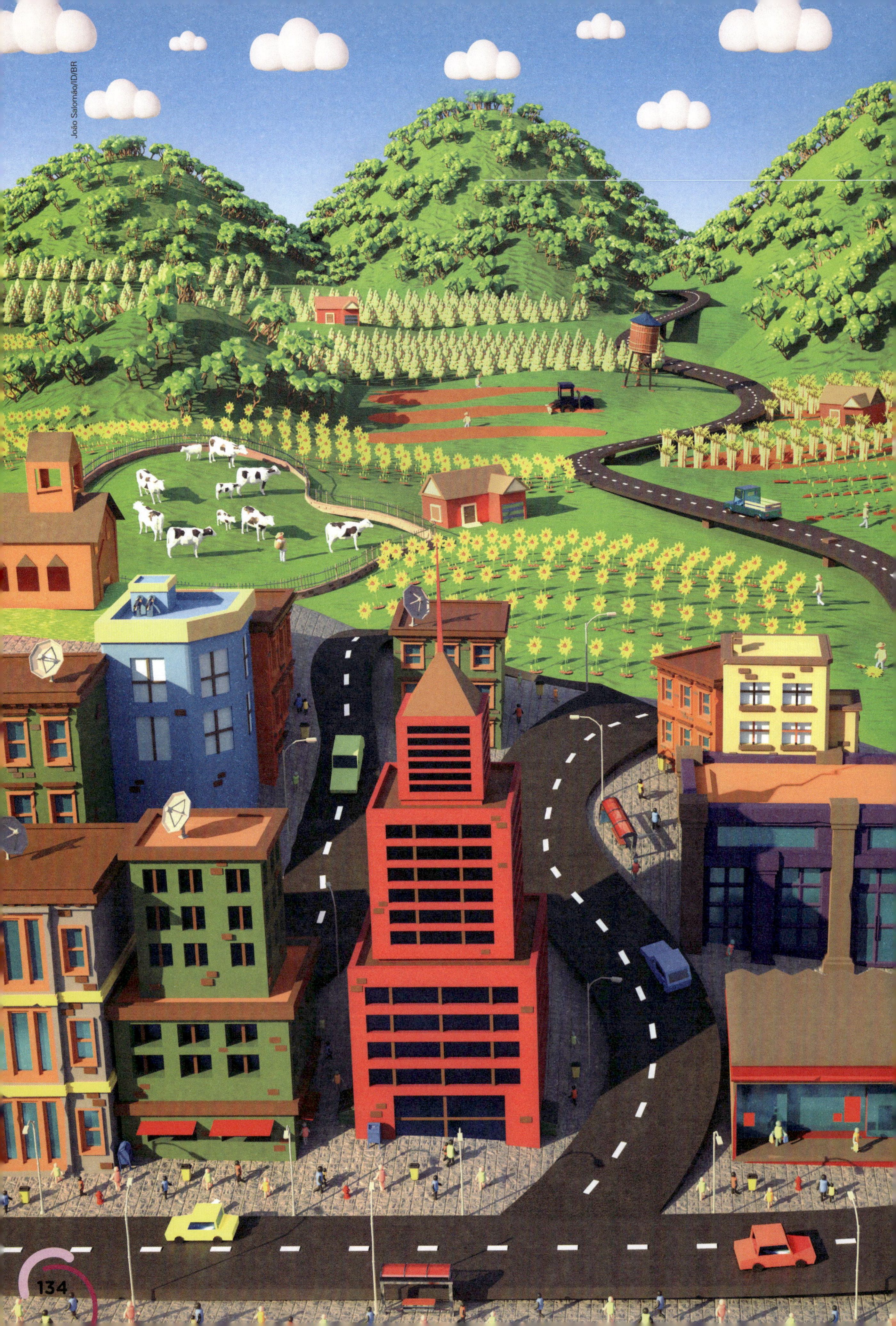
João Salomão/ID/BR

CAPÍTULO 12

O campo e a cidade

Neste livro, você foi convidado a refletir sobre a relação entre as pessoas e seus lugares de vivência, como a moradia e a escola. Você observou ainda diversas imagens que retratam paisagens do campo e da cidade.

Mas você sabe reconhecer essas paisagens? Conhece as atividades e os tipos de trabalho realizados com mais frequência no campo e na cidade?

Para começo de conversa

1. É possível distinguir duas áreas com características diferentes na imagem. Quais elementos você observa em cada uma dessas paisagens?

2. No lugar onde você vive, as pessoas realizam atividades como as mostradas na imagem? Em caso afirmativo, quais?

3. Com qual das duas áreas da imagem você se identifica mais? Por quê?

Saber Ser

◀ Paisagem de área rural e área urbana.

cento e trinta e cinco 135

O campo

O **campo** é formado pelas áreas rurais de um município. Nessas áreas, são encontradas paisagens variadas e diferentes formas de ocupar o espaço. Veja um exemplo de ocupação do espaço rural ilustrado abaixo.

A imagem representa uma cena comum em áreas rurais do Brasil, com propriedades onde se praticam atividades de plantio, de criação de animais e onde há até atividades industriais. Mas as paisagens do campo também podem ser formadas por florestas e áreas ocupadas por comunidades tradicionais, bairros rurais e empresas de extração de recursos naturais.

1 Assinale com um **X** as atividades representadas na imagem acima.

- ☐ cultivo de hortaliças
- ☐ locomoção a cavalo
- ☐ transporte de produtos
- ☐ condução de trator
- ☐ irrigação de plantação
- ☐ pescaria
- ☐ criação de animais
- ☐ passeio de bicicleta

2 O caminhão representado na imagem está indo em direção a uma indústria de laticínios, que fabrica alimentos como iogurte, manteiga e queijo. O que você acha que esse caminhão transporta? Converse com um colega.

A cidade

As paisagens da **cidade** são marcadas pela concentração de construções como ruas, avenidas, casas, edifícios, lojas e indústrias. Essa forma de ocupar o espaço constitui a área urbana do município. A ilustração abaixo mostra um exemplo de área urbana.

As paisagens urbanas são diferentes em cada cidade. Em certas cidades grandes, destacam-se prédios altos e ruas congestionadas pelo excesso de veículos. Mas também há cidades com ruas tranquilas, praças arborizadas e predomínio de casas térreas.

1. Analise a ilustração acima. Depois, converse com os colegas.

    a. Localize uma pessoa vendendo garrafas de água. De que outras maneiras a água pode ser fornecida aos habitantes de uma cidade?

    b. No solo do espaço representado não é possível cultivar alimentos, mas há uma pessoa vendendo milho verde. Qual é a principal origem dos alimentos frescos vendidos nas cidades? Como eles são transportados até elas?

2. Você vive no campo ou na cidade? Em uma folha de papel avulsa, desenhe o lugar onde você mora. Mostre os detalhes do que existe ao redor de sua casa. Depois, no caderno, escreva os elementos que existem no lugar onde você vive e que você representou no desenho.

As atividades no campo

No campo são realizadas diversas atividades para a obtenção de alimentos e de matérias-primas pela exploração de **recursos naturais**. Esses recursos são aqueles disponíveis na natureza, como o solo, a água, as plantas, as rochas e a luz solar.

Você vai estudar agora algumas das principais atividades realizadas no campo e sua relação com os recursos naturais.

O extrativismo

O **extrativismo** é a atividade em que os seres humanos retiram da natureza produtos de origem vegetal, animal ou mineral. Esses produtos podem ser consumidos da forma como foram retirados ou podem passar por transformações nas indústrias.

Algumas atividades extrativistas provocam impactos ambientais. Por exemplo, a mineração pode causar desmatamento de áreas florestais, modificações no relevo e poluição de rios e lagos; e a pesca intensiva pode levar à extinção de espécies de peixes.

◀ A pesca é uma atividade do extrativismo animal. Na foto, peixes à venda em Manaus, Amazonas, 2017.

◀ O extrativismo mineral fornece produtos como ferro, mármore e sal. Na foto, extração de manganês em Marabá, Pará, 2019.

▲ A coleta de frutos, folhas e raízes é uma atividade do extrativismo vegetal. Na foto, extração de açaí em Mocajuba, Pará, 2020.

1 Assinale com um **X** os quadrinhos que apresentam atividade de extrativismo.

☐ criação de peixes em tanques ☐ pesca no rio

☐ plantio de frutas ☐ coleta de frutas na floresta

A agricultura e a pecuária

A prática da agricultura e da pecuária só é possível onde há solo e água disponíveis, como é comum em áreas rurais. Ambas as atividades são importantes para o sustento da população do campo e para fornecer os produtos consumidos nas cidades.

A **agricultura** é a atividade de cultivo de plantas. Existem maneiras de cultivar plantas na água, mas a maior parte da agricultura é realizada sobre o solo, de onde as plantas retiram a água e os nutrientes de que precisam para crescer.

▲ Solo sendo preparado para o plantio de vegetais em Ibiúna, São Paulo. Foto de 2017.

▲ Irrigação em um cultivo de hortaliças em Venda Nova do Imigrante, Espírito Santo. Foto de 2019.

Já a **pecuária** é a atividade de criação de animais como bois, cavalos, porcos, ovelhas e aves, com o principal objetivo de obter produtos como carne, leite, lã e couro.

O solo é importante para a pecuária, pois é fonte de alimentos para os animais. Nele, são plantados o capim das pastagens e os vegetais usados na fabricação de ração. Os animais também precisam de fontes de água para sobreviver.

Bois criados em área com pastagem em São Martinho da Serra, Rio Grande do Sul. Foto de 2019. ▶

2 Por que o solo e a água são importantes para a agricultura e para a pecuária? Converse com os colegas.

As atividades na cidade

Nas cidades, a prática da agricultura e da pecuária não é tão comum como no campo. Porém, são as cidades que reúnem a maior parte das atividades industriais, de comércio e de serviços.

Nas **indústrias**, os produtos vindos da agricultura, da pecuária e do extrativismo são transformados em outros produtos, que são vendidos no **comércio** (supermercados, lojas, lanchonetes, *shopping centers*, etc.). A prestação de serviços por profissionais como motoristas de ônibus, eletricistas, professores, garis e médicos é fundamental para atender às necessidades cotidianas de quem vive nas cidades.

▲ Mulher opera máquina em indústria de motores para automóveis em Camaçari, Bahia. Foto de 2015.

▲ Professora em sala de aula de uma escola em Santaluz, Bahia. Foto de 2018.

▲ Lojas de roupas em rua de comércio em Macapá, Amapá. Foto de 2017.

▲ Limpeza de rua sendo feita por garis em Caicó, Rio Grande do Norte. Foto de 2019.

1 Escreva qual atividade cada uma das fotos acima retrata: indústria, comércio ou prestação de serviços.

a. Foto **A**: _____

b. Foto **B**: _____

c. Foto **C**: _____

d. Foto **D**: _____

Muitas pessoas vivem nas cidades. Isso exige a criação de meios para coletar, tratar e distribuir água para toda a população.

Levar água de qualidade à população requer obras com custo elevado. Por isso, é importante economizar água. A análise das situações representadas abaixo nos ajuda a pensar sobre esse tema.

Quantidade de água que gastamos em algumas atividades diárias

Tomar banho de 15 minutos com o registro do chuveiro elétrico aberto. 135 litros	Lavar louça com torneira meio aberta por 15 minutos. 117 litros
Tomar banho de 5 minutos com o registro do chuveiro elétrico aberto. 45 litros	Dar descarga por 6 segundos. 12 litros
Escovar os dentes com a torneira meio aberta por 5 minutos. 12 litros	Fechar a torneira enquanto escova os dentes e enxaguar a boca com um copo de água. 0,5 litro

Fonte de pesquisa: Sabesp. Disponível em: http://site.sabesp.com.br/site/interna/Default.aspx?secaoId=595. Acesso em: 18 mar. 2021.

2 No quadro acima, marque com um **X** as imagens que mostram o consumo da água sem desperdício.

3 Em quais atividades de sua rotina você utiliza água? Você procura evitar o desperdício quando realiza essas atividades? Converse com os colegas e o professor.

Saber Ser

Representações

Visão vertical e visão oblíqua

Você já aprendeu que a observação de um objeto ou de uma paisagem de mais de um ponto de vista permite a visualização de diferentes detalhes. Agora, você terá mais um exemplo para analisar. As duas fotos aéreas ao lado retratam uma mesma área do município de Londrina, Paraná.

Nas fotos, é possível reconhecer como o solo foi aproveitado em áreas rurais e urbanas. Mas há diferenças na imagem que cada uma registrou. Compare: a foto **A** foi obtida do ponto de vista **vertical**, vista do alto, exatamente de cima para baixo. A foto **B** foi obtida do ponto de vista **oblíquo**, ou seja, vista do alto, de modo inclinado em relação ao solo.

Fotos **A** e **B**: Londrina, Paraná, 2017.

1 Em qual das duas fotos aéreas é possível observar uma área maior do local retratado?

_____

2 Em qual foto aérea é possível visualizar a área urbana onde há prédios de vários andares? Por que esse detalhe é visível na imagem?

_____
_____
_____

3 Observe as fotos a seguir e, depois, faça o que se pede.

A ▲ Área urbana em Três Lagoas, Mato Grosso do Sul. Foto de 2018.

B ▲ Escola em Santa Luzia, Minas Gerais. Foto de 2020.

C ▲ Avião sobrevoando.

D ▲ Área de cultivo e pastagens em Assaí, Paraná. Foto de 2021.

a. Imagine que você seja o fotógrafo das fotos acima. Agora, indique as fotos de acordo com o ponto de vista que elas foram obtidas.

- Ponto de vista oblíquo (de cima para baixo e de modo inclinado): _____.

- Ponto de vista de frente ou frontal: _____.

- Ponto de vista vertical (de baixo para cima): _____.

- Ponto de vista vertical (de cima para baixo): _____.

b. As fotos **A** e **C** foram obtidas do mesmo ponto de vista, o vertical, porém as duas fotos são diferentes. Onde o fotógrafo poderia estar para tirar a foto **A**? E onde ele poderia estar para tirar a foto **C**? Converse com os colegas e o professor.

Vamos ler imagens!

Planos de observação da paisagem

Quando paramos em algum lugar para contemplar a paisagem, mirando a linha do horizonte, conseguimos visualizar com mais detalhes os elementos mais próximos de nosso corpo. Quando observamos a foto de uma paisagem retratada de frente ou do ponto de vista oblíquo, os elementos que nos parecem mais próximos são os que ocupam a parte de baixo da imagem.

O efeito visual nos permite definir os **planos de observação** da paisagem, ou as faixas em que reconhecemos diferentes níveis de detalhes. Veja os planos da paisagem retratada abaixo.

Terceiro plano: Faixa mais distante do observador, em que é difícil reconhecer os detalhes de elementos como as edificações.

Segundo plano: Faixa intermediária da paisagem, em que é possível reconhecer com menos dificuldade os detalhes dos elementos em relação ao terceiro plano.

Primeiro plano: Faixa mais próxima do observador, em que é possível reconhecer com mais facilidade os elementos da paisagem.

▲ Vista aérea de um trecho do município de Vila Velha, Espírito Santo. Foto de 2021.

Nessa foto, identificamos:

- no primeiro plano: faixa litorânea, praias e rochas;
- no segundo plano: diversos prédios de alturas distintas;
- no terceiro plano: um morro maior, coberto por vegetação, outros morros mais baixos, também com vegetação, assim como trechos do mar e partes da cidade.

Agora é a sua vez

1 Observe a foto a seguir. Depois, responda às questões.

▲ Vista do município de Campos Gerais, Minas Gerais. Foto de 2015.

a. Em qual dos planos de observação da paisagem predominam os elementos urbanos?

___

b. Em qual dos planos de observação da imagem predominam os elementos do campo? O que você observa nesse plano?

___

c. Em qual dos planos de observação você percebe mais detalhes da paisagem? O que você observa nesse plano?

___

Aprender sempre

1 A pintura abaixo retrata uma paisagem rural. Analise a pintura e, depois, responda às questões.

Sônia Furtado. *Na horta*, 1992. Óleo sobre tela.

Galeria Jacques Ardies. Fotografia: Jacques Ardies

a. Indique as situações representadas que estão relacionadas à:

• agricultura: _____

_____

• pecuária: _____

b. Na pintura, vemos um homem regando uma horta, o que ilustra a importância da água para a agricultura. Mas a água também é fundamental para a qualidade de vida das pessoas que moram no campo. Cite alguns exemplos de como essas pessoas podem usar a água para o bem-estar delas.

Saber Ser

_____

_____

_____

146 cento e quarenta e seis

2 Em casa, leia o texto a seguir a um adulto. Depois, faça o que se pede.

Os vários voos da vaca Vivi

Era uma vez uma vaca, a Vivi, que só gostava de voar e de curtir tudo o que via. Não ligava pra berrar, criar bezerro, dar leite, essas coisas que todas as vacas fazem. Voava em liberdade. […] Vivi furava nuvens, flutuava de mansinho. Seguia o vento e ia descobrindo o mundo, com tudo de bonito que ele tem. Primeiro Vivi voou sobre a fazenda, onde moravam seus parentes, namorado e amigos. Lá de cima, olhou a pastaria, o cafezal, o pomar e a casa-grande. E olhou também pro curral. Com tristeza, viu as outras vacas presas, separadas dos bezerros, que se espremiam, esperando a hora de mamar. […] E Vivi voou por cidades e estados distantes. Voou por cima de fazendas, de cidades pequenas, de metrópoles, de florestas e de montanhas. Confundia-se com aviões. Os passarinhos olhavam assustados pra ela, davam-lhe caminho, com medo de seu tamanho. E Vivi falava pra si mesma:

— Um dia, ainda chego na lua e fico enluarada. […]

E continuava seu voo solitário, mas livre e feliz.

Elias José. Os vários voos da vaca Vivi. São Paulo: FTD, 1991.

a. O que a vaca Vivi gostava de fazer?

_____

b. Quais elementos do campo a vaca Vivi observava durante seus voos?

_____

_____

c. Qual era o desejo da vaca Vivi?

_____

d. Com suas palavras, conte ao adulto o que você entendeu do texto.

Até breve!

A cada ano escolar, você e seus colegas vivenciam novos desafios e adquirem diversos conhecimentos. Você já parou para pensar nisso? As atividades a seguir vão ajudá-lo a avaliar alguns dos conhecimentos que você adquiriu ao longo deste ano.

1 As imagens a seguir representam o mesmo lugar em momentos diferentes. Observe que ocorreram transformações no espaço físico e na forma como as pessoas usam o lugar. Compare as imagens e descreva as transformações que você identificou nas características físicas do lugar e no modo de vida das pessoas.

2 Leia o texto e converse com os colegas sobre as questões.

> Atualmente é muito comum as pessoas se comunicarem pela internet, o que lhes permite trocar mensagens em tempo real, mesmo distantes. Isso mudou a forma como as pessoas trabalham, estudam e se relacionam umas com as outras. Os estudantes, por exemplo, podem utilizar a internet para realizar pesquisas escolares.
>
> Texto para fins didáticos.

a. Em sua opinião, quais são os benefícios de utilizar a internet como meio de comunicação?

b. A internet é uma tecnologia ainda não acessível a todas as pessoas. Quais podem ser as consequências disso?

c. Quais cuidados você e todas as crianças devem ter ao utilizar a internet?

3 A imagem abaixo é um mapa afetivo do bairro do Glicério, no município de São Paulo. Trata-se de uma representação dos lugares que fazem parte da vida das pessoas e que trazem lembranças e sentimentos especiais para elas. Ele foi elaborado com base em desenhos de crianças que vivem no bairro. Observe-o. Depois, converse com os colegas sobre as questões a seguir.

a. Quais lugares foram representados nesse mapa afetivo?

b. Como são os caminhos que ligam os lugares representados nesse mapa? É possível se deslocar a pé por eles? Quais veículos podem circular pelo bairro do Glicério?

c. O que há na frente do estacionamento?

d. O que há do lado direito do CCA?

4 Qual é a importância dos rios para as populações? Converse com os colegas e o professor.

Sugestões de leitura

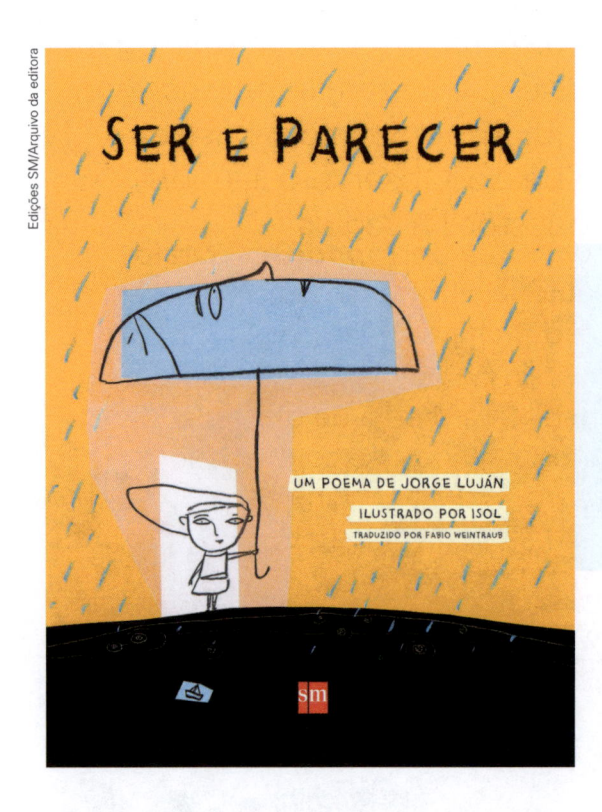

Ser e parecer, de Jorge Luján. São Paulo: SM.
Esse livro leva você a perceber que nossos sentimentos, ideias e histórias contam muito mais de nós do que nosso rosto, nossa cor, nosso corpo ou nossos cabelos.

Crianças como você, de Barnabas e Anabel Kindersley. São Paulo: Ática.
Nesse livro, crianças do mundo todo contam como é a vida delas e quais são suas brincadeiras preferidas.

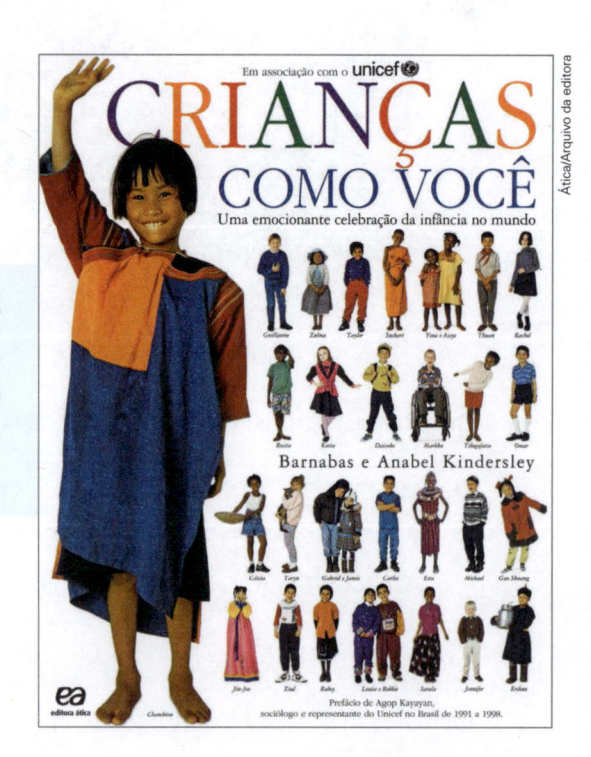

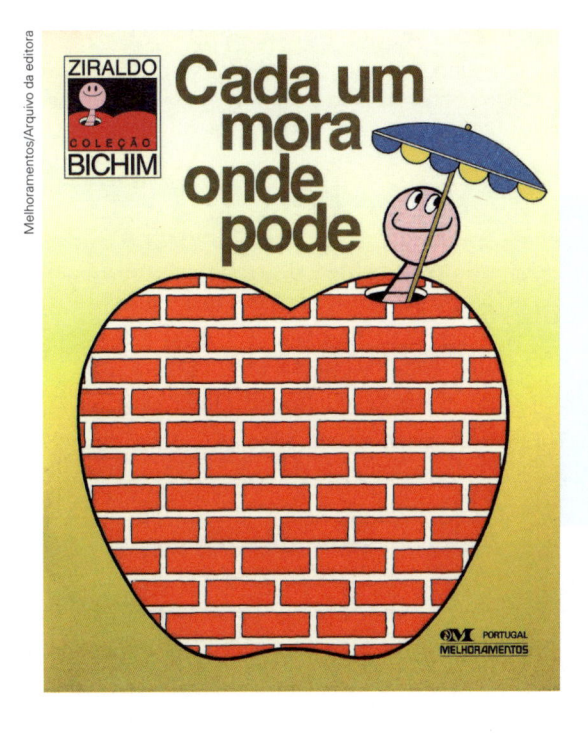

Cada um mora onde pode, **de Ziraldo. São Paulo: Melhoramentos (Coleção Bichinho).**

O bichinho da maçã vai levar você a conhecer a moradia de diversos bichinhos. Ao final, ele conclui que melhor mesmo é a própria casa.

O grande e maravilhoso livro das famílias, **de Mary Hoffman e Ros Asquith. São Paulo: SM.**

Esse livro apresenta as diferentes estruturas familiares por meio de atividades cotidianas, como conversar, brincar e alimentar-se.

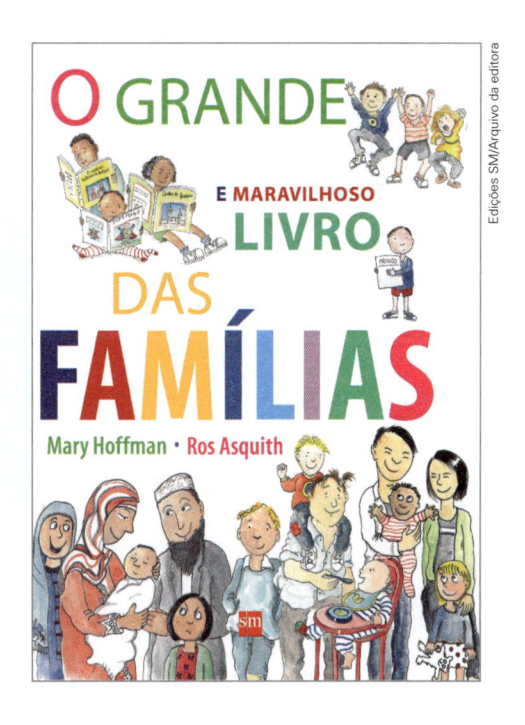

Bibliografia comentada

ALMEIDA, Rosângela Doin de. *Do desenho ao mapa*: iniciação cartográfica na escola. São Paulo: Contexto, 2001.
O livro aborda o desenvolvimento do pensamento espacial e do raciocínio geográfico. A obra auxilia, ainda, no desenvolvimento da leitura de mapas.

ANTUNES, Celso (org.). *Como desenvolver as competências na sala de aula*. Petrópolis: Vozes, 2010.
Nessa obra, abordam-se os quatro pilares da educação para o desenvolvimento de competências.

ARIÉS, Philippe. *História social da criança e da família*. Rio de Janeiro: LTC, 2006.
Nesse livro, o autor aborda a importância das brincadeiras, do ensino e da invenção na infância.

BRASIL. *Estatuto da Criança e do Adolescente*: Lei n. 8069, de 13 de julho de 1990. São Paulo: Fisco e Contribuinte, 1999.
O estatuto aborda os direitos das crianças e dos adolescentes no Brasil.

BRASIL. Ministério da Educação. Secretaria de Educação Básica. *Base Nacional Comum Curricular*: educação é a base. Brasília: MEC, 2018. Disponível em: http://basenacionalcomum.mec.gov.br/. Acesso em: 20 abr. 2021.
O documento apresenta as competências e as habilidades a serem desenvolvidas nas áreas de conhecimento da educação básica brasileira.

CASTELLAR, Sonia (org.). *Educação geográfica*: teorias e práticas docentes. São Paulo: Contexto, 2005.
A obra reúne textos sobre o papel da Geografia na formação dos estudantes na educação básica.

CASTROGIOVANNI, Antonio *et al*. *Geografia em sala de aula*: práticas e reflexões. São Paulo: Ed. da UFRGS, 1999.
O livro traz uma coletânea de textos sobre a prática do ensino de Geografia em sala de aula, considerando os desafios cotidianos dessa prática.

CAVALCANTI, Lana de Souza. *Geografia, escola e construção do conhecimento*. Campinas: Papirus, 2011.
O livro apresenta a importância da prática docente voltada ao desenvolvimento do raciocínio espacial e geográfico dos estudantes. Ressalta, ainda, o papel da Geografia na formação da cidadania.

FIGUEIREDO, Marcio Xavier Bonorino. *A corporeidade na escola*: brincadeiras, jogos e desenhos. 6. ed. Pelotas: Ed. da UFPel, 2009.
O autor aborda a importância da corporeidade das crianças, considerando a relevância das brincadeiras, dos jogos e dos desenhos no processo de ensino nos primeiros anos da educação básica.

LEITE, Carlos; AWAD, Juliana Di Cesare M. *Cidades sustentáveis, cidades inteligentes*: desenvolvimento sustentável num planeta urbano. Porto Alegre: Bookman, 2012.
O livro aborda a questão da sustentabilidade nas cidades, considerando seus maiores desafios, como questões ambientais, mobilidade e moradia.

LESANN, Janine. *Geografia no Ensino Fundamental I*. Belo Horizonte: Fino Traço, 2011.
A autora apresenta sua trajetória de educadora considerando questões teórico-metodológicas para o processo de ensino em Geografia.

MATTOS, Regiane Augusto de. *História e cultura afro-brasileira*. São Paulo: Contexto, 2011.
O livro constitui um guia sobre o ensino de história e cultura afro-brasileira nas escolas, que se tornou obrigatório com a Lei n. 10 639, de 2003.

MEIRELLES, Renata. *Giramundo e outros brinquedos e brincadeiras dos meninos do Brasil*. São Paulo: Terceiro Nome, 2007.
O livro apresenta brinquedos e brincadeiras de diversas partes do Brasil, mostrando a singularidade dos modos de brincar em diferentes lugares.

MEIRELLES, Renata (org.). *Território do brincar*: diálogo com escolas. São Paulo: Instituto Alana, 2015. Disponível em: https://territoriodobrincar.com.br/wp-content/uploads/2014/02/Territ%C3%B3rio_do_Brincar_-_Di%C3%A1logo_com_Escolas-Livro.pdf. Acesso em: 20 abr. 2021.
A obra aprofunda o olhar sobre a infância, a educação e o brincar, a fim de potencializar o brincar dentro e fora da escola.

MELATTI, Julio Cezar. *Índios do Brasil*. São Paulo: Edusp, 2007.
O autor apresenta, na obra, um panorama do conhecimento existente sobre os índios brasileiros, desde a Pré-História até a atualidade.

OLIVEIRA, Ariovaldo Umbelino de *et al*. *Para onde vai o ensino de Geografia?*. São Paulo: Contexto, 2005.
O livro apresenta concepções de conceitos visando construir uma pedagogia, voltada às aulas de Geografia, com maior compromisso social.

PIAGET, Jean; INHELDER, Bärbel. *A representação do espaço na criança*. Porto Alegre: Artmed, 1993.
Os autores apresentam estudos sobre a maneira pela qual as crianças representam o mundo.

SANTOS, Milton. *Pensando o espaço do homem*. São Paulo: Edusp, 2004.
Nesse livro, o autor reflete sobre questões relacionadas às categorias de espaço e tempo.

Destacar

PÁGINA 77 • ATIVIDADE 3

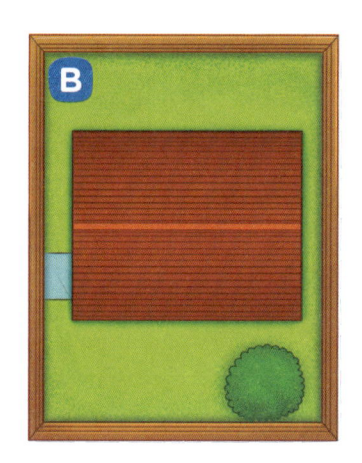

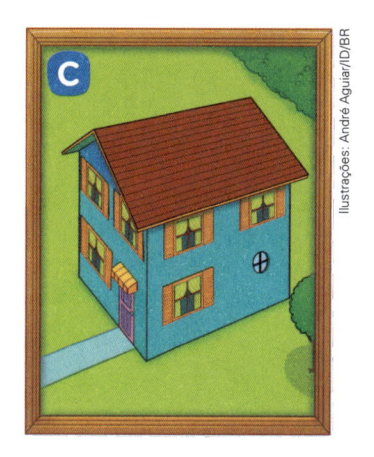

Página 131 • Atividade 2 – jogo trilha do trânsito

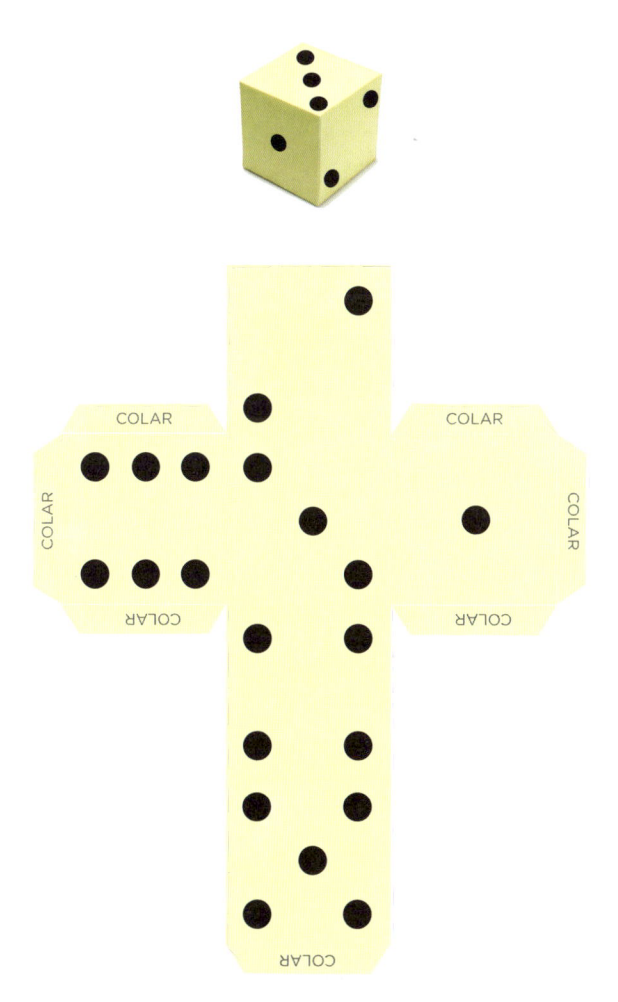

cole aqui   cole aqui

cento e cinquenta e três **153**

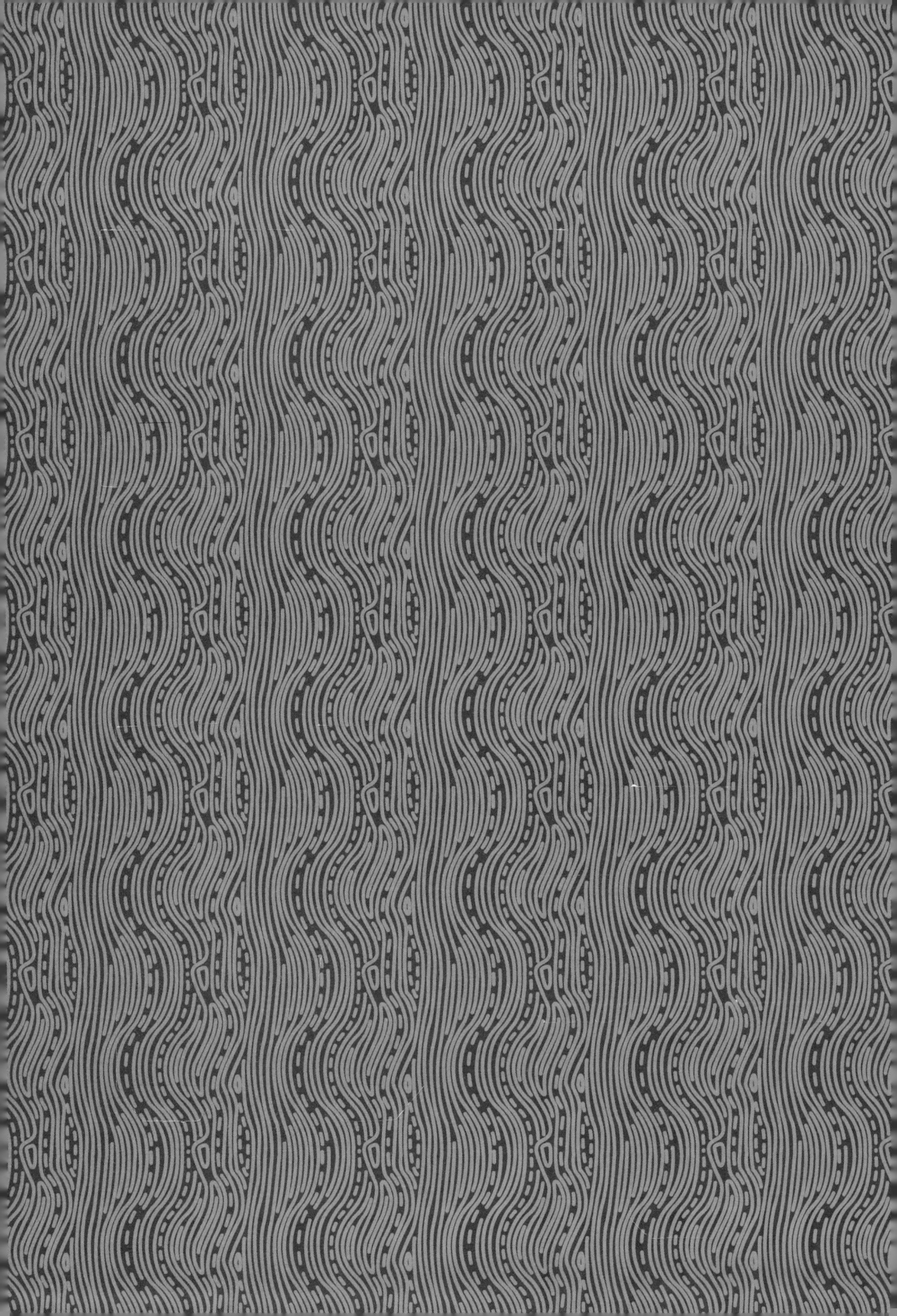

Destacar e colar

Página 120 • **Atividade 1**

Legenda
- Biblioteca
- Diretoria
- Secretaria
- Bloco de salas de aula
- Banheiros
- Vestiário
- Cantina
- Quadra de esportes

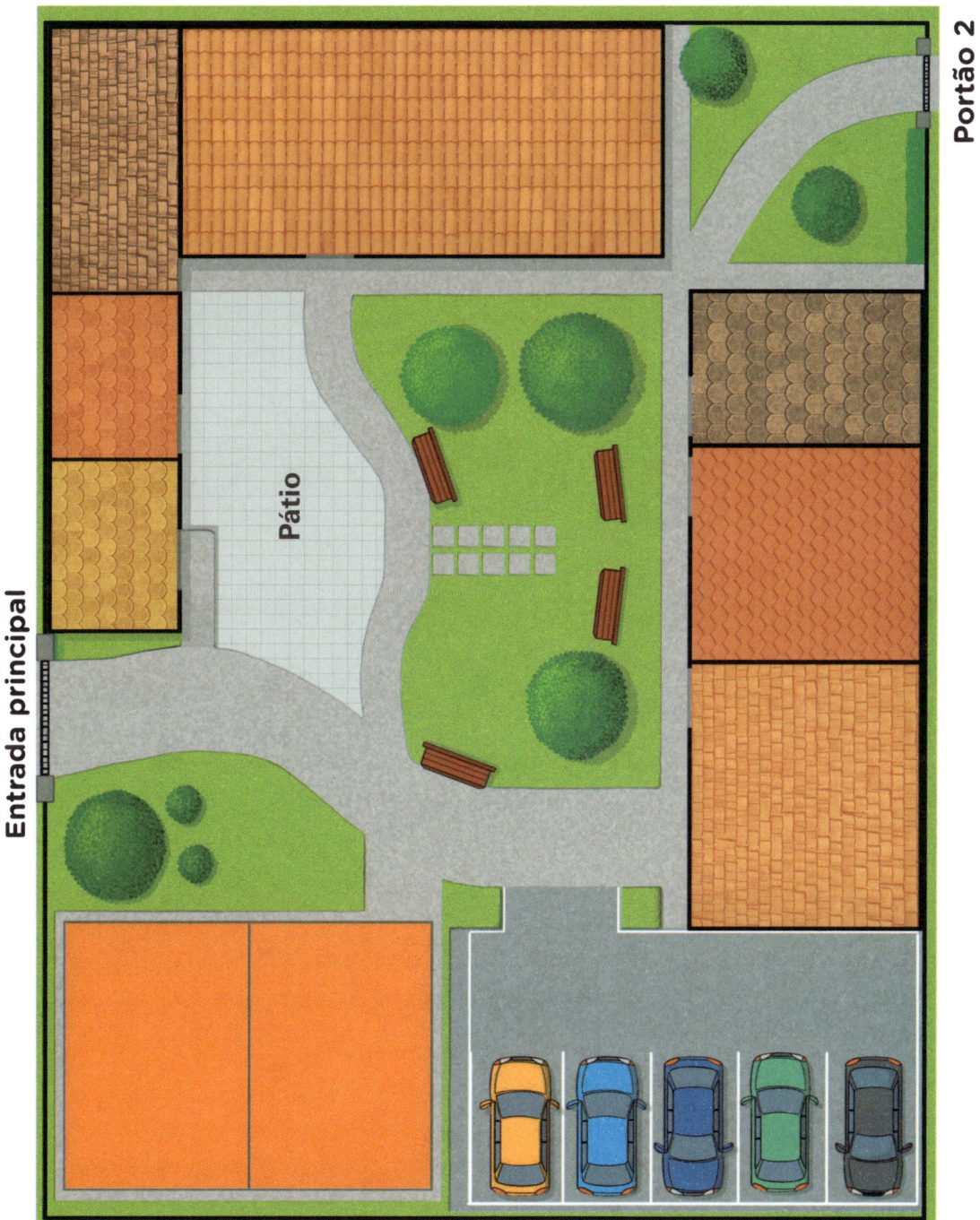

Entrada principal

Pátio

Portão 2

cento e cinquenta e cinco 155

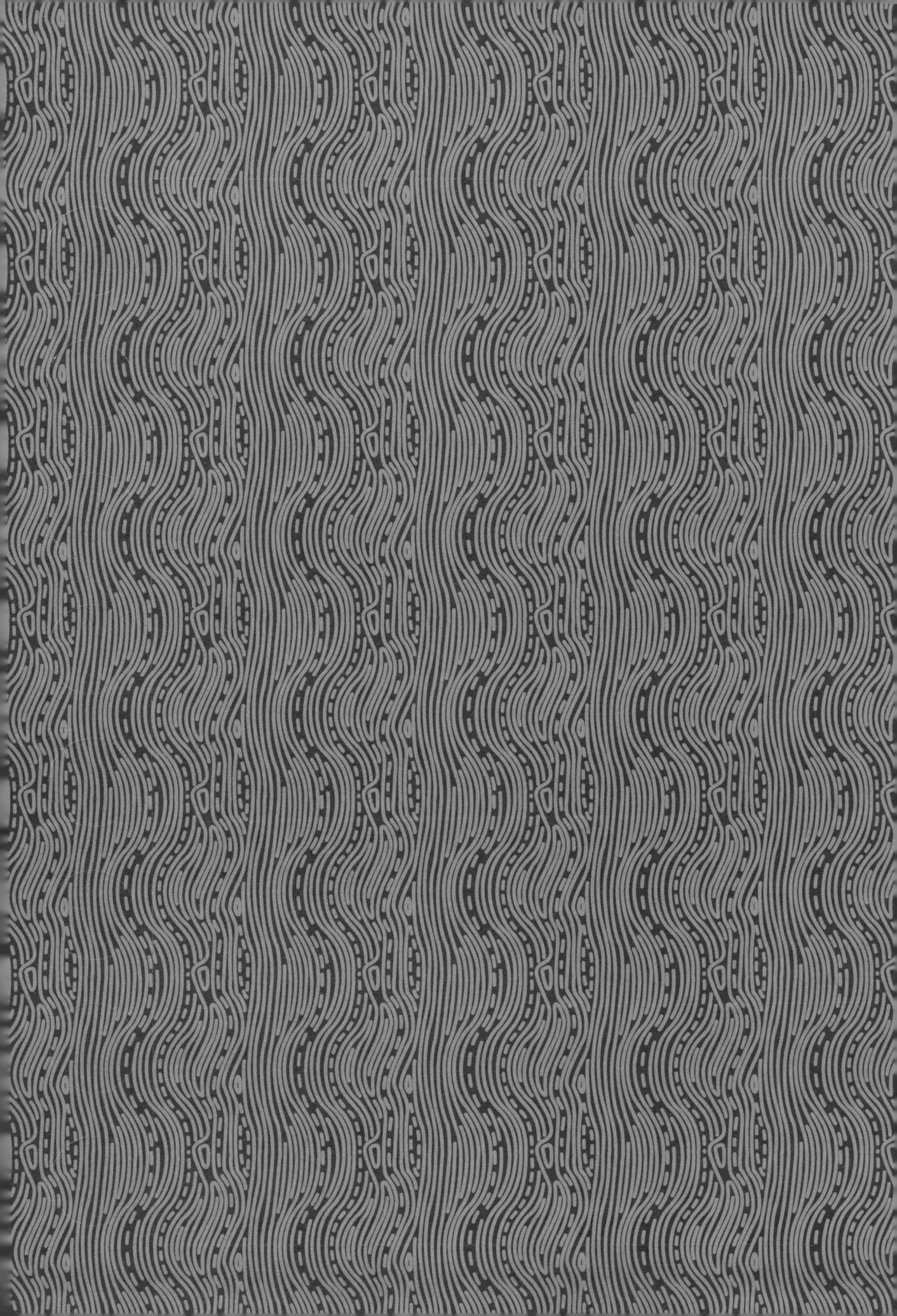

Destacar e jogar

Página 131 • **Atividade 2 – jogo trilha do trânsito**

Início

1, 2, 3, 4, 5, 6, 7, 8, 9, 10, 11, 12, 13, 14, 15, 16

SUPERMERCADO

Pedestre atravesse na faixa

USE O CINTO DE SEGURANÇA

Pedestre use a passarela

cole aqui

Você chegou até a faixa de pedestres, mas o sinal ainda não está verde para atravessar. Dê a mão a um adulto e aguarde uma rodada para voltar a jogar.

Você saiu para andar de bicicleta e encontrou uma longa ciclofaixa pela frente. Avance três casas.

Você entrou em um carro e sentou no banco de trás sem colocar o cinto de segurança. Volte uma casa.

Você está caminhando pela calçada durante todo o trajeto! Avance duas casas.

Você optou por atravessar a avenida pela passarela. Esse é o modo mais seguro! Avance uma casa.

Ilustrações: André Aguiar/ID/BR

cento e cinquenta e sete 157

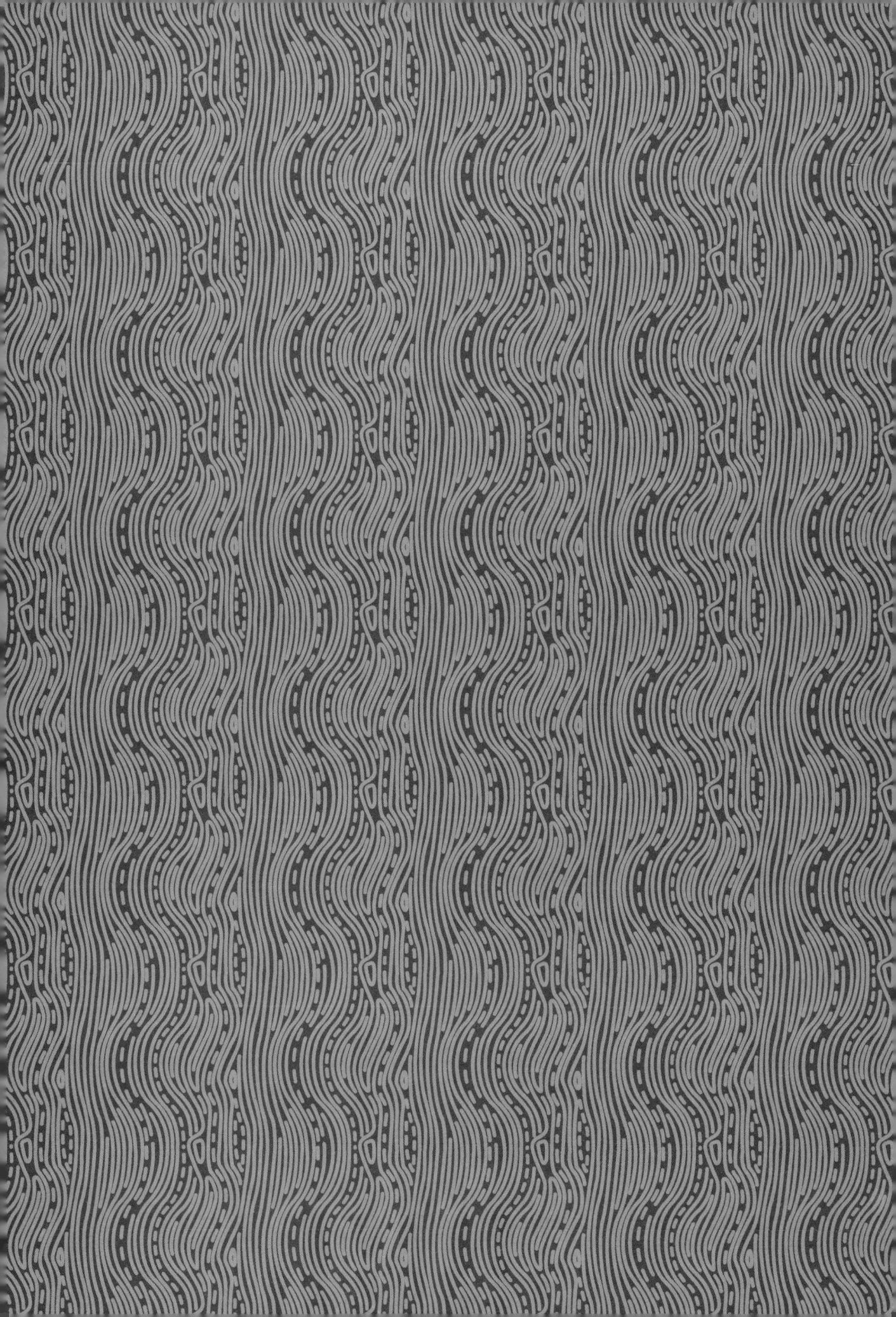

Destacar e jogar

Página 131 • **Atividade 2 – jogo trilha do trânsito**

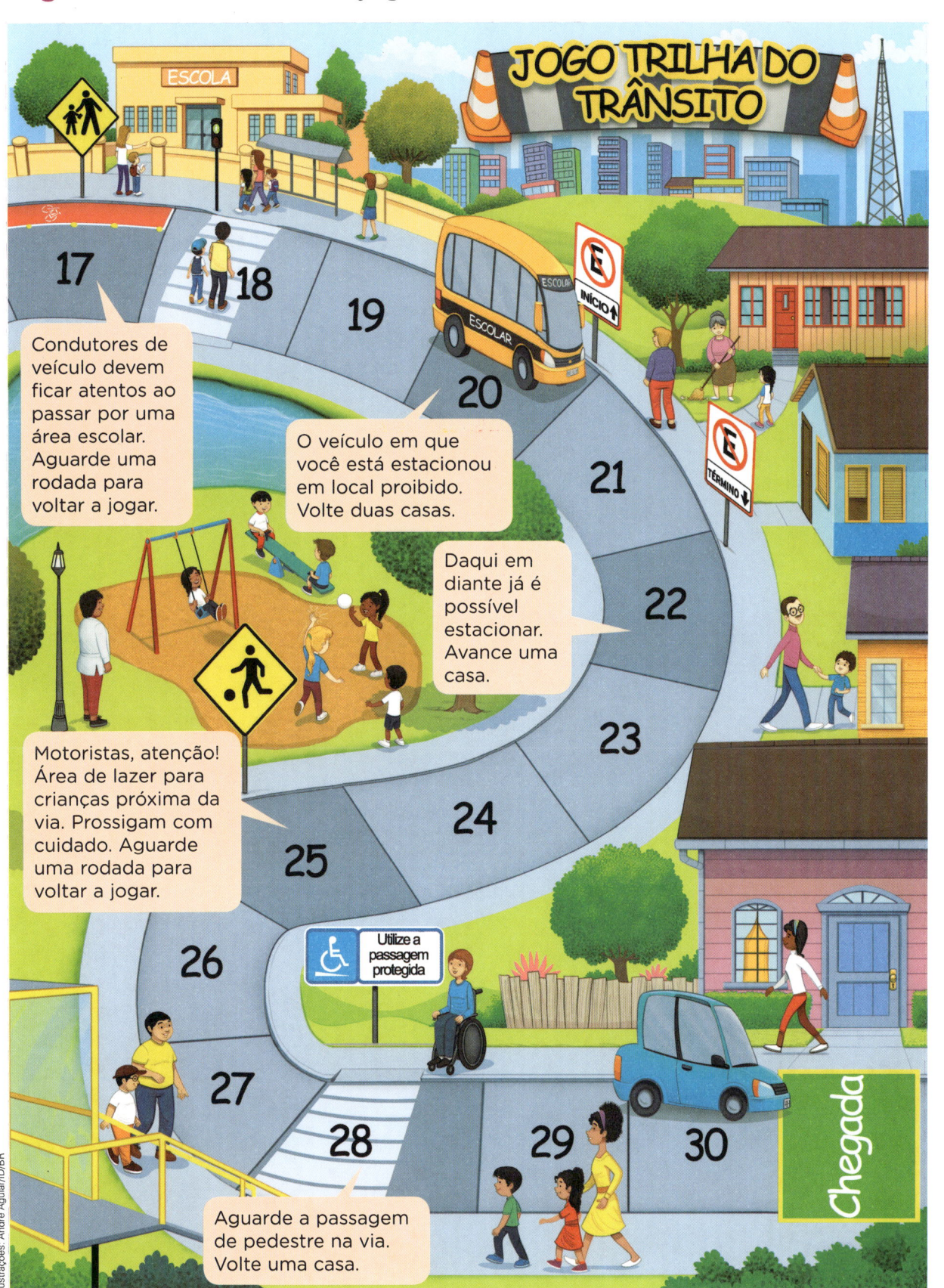

JOGO TRILHA DO TRÂNSITO

Condutores de veículo devem ficar atentos ao passar por uma área escolar. Aguarde uma rodada para voltar a jogar.

O veículo em que você está estacionou em local proibido. Volte duas casas.

Daqui em diante já é possível estacionar. Avance uma casa.

Motoristas, atenção! Área de lazer para crianças próxima da via. Prossigam com cuidado. Aguarde uma rodada para voltar a jogar.

Utilize a passagem protegida

Aguarde a passagem de pedestre na via. Volte uma casa.

Chegada

cento e cinquenta e nove 159

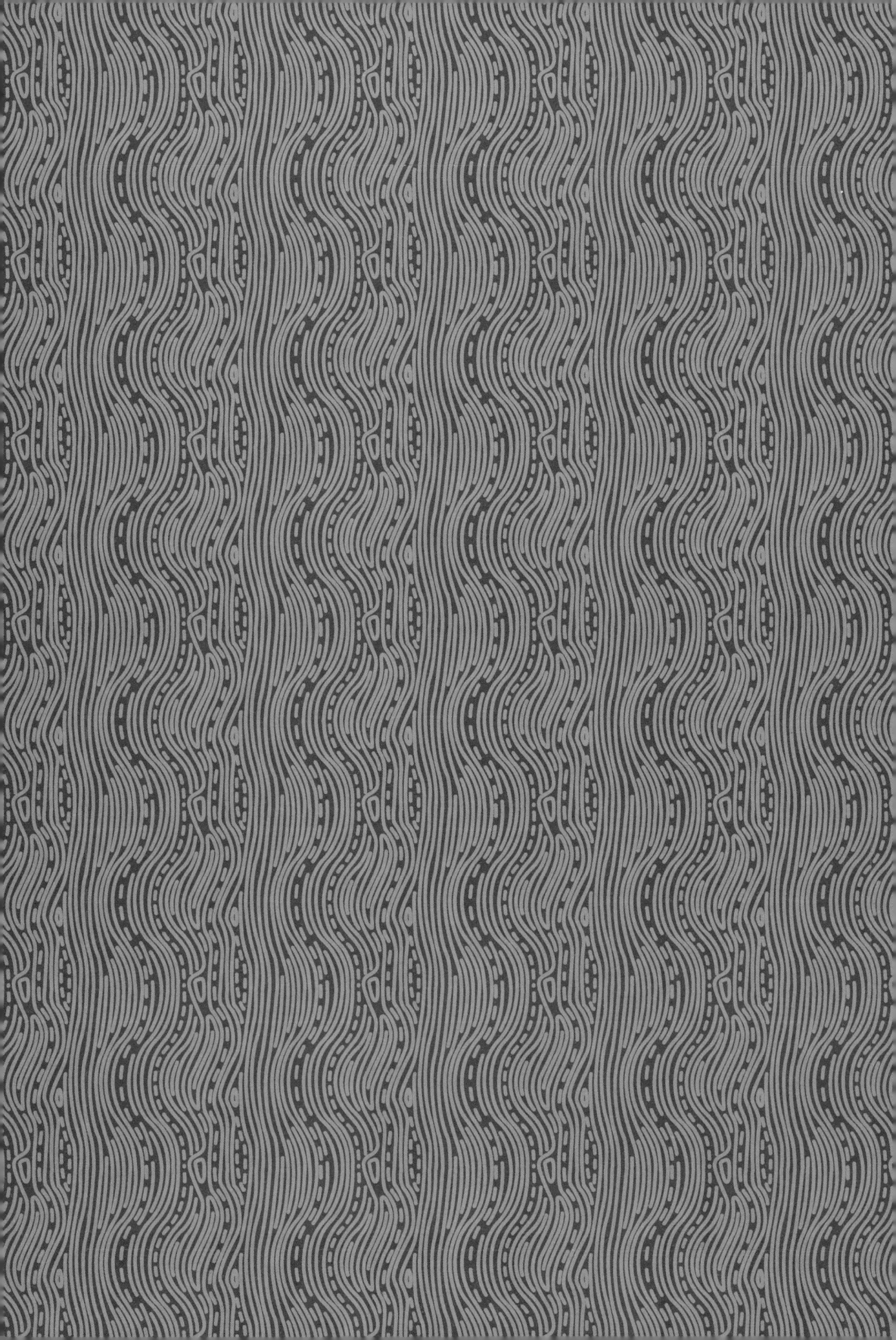